DIE GRÖSSTEN VERSCHWÖRUNGSTH EORIEN UND GEHEIMBÜNDE DER WELT

Die Wahrheit unter dem dicken Schleier der Täuschung: Neue Weltordnung, tödliche, von Menschen gemachte Krankheiten, okkulte Symbolik, Illuminaten und mehr!

Friedrich Zimmermann

INHALTSVERZEICHNIS

EINFÜHRUNG

D rotz seiner erklärten Bedenken läutete Präsident Barack Obama am 31. Dezember 2011 das neue Jahr ein, indem er das National Defense Authorization Act unterzeichnete, das der Regierung erweiterte Befugnisse zur Inhaftierung, Vernehmung und Bestrafung ihrer Bürger einräumt. Nach diesem neuen Gesetz können Regierungsbehörden die unbefristete Inhaftierung amerikanischer Bürger ohne Anklage oder Gerichtsverfahren anordnen, die mögliche militärische Inhaftierung gewöhnlicher Bürger, die sich normalerweise außerhalb der militärischen Kontrolle befinden würden, und die Übertragung von Strafverfolgungs-, Strafvollzugs- und Haftbefugnissen, die derzeit vom Justizministerium ausgeübt werden, auf das Verteidigungsministerium. Nach Ansicht von US-Senator Lindsey Graham, der das Gesetz nachdrücklich unterstützt, ist "das Heimatland Teil des Schlachtfelds" im weltweiten Kampf gegen den Terror.

Seit dem Ende des Kalten Krieges und dem Zusammenbruch der Sowjetunion im Jahr 1991 sind die Amerikaner zunehmend davon überzeugt, dass ihre Regierung sie belügt und sich gegen sie verschwört. Rick Ross, dessen Ross Institute of New Jersey Verschwörungen erforscht, hat festgestellt, dass immer mehr Amerikaner glauben, dass hinter den Kulissen ihrer Regierung manipulative Kräfte am Werk sind.

Verschwörungstheoretiker reagieren schnell darauf, dass es mehrere Gründe gibt, die Regierung zwielichtiger Geschäfte hinter den Kulissen zu beschuldigen. Während nur wenige Whistleblower - offiziell als "Spinner und Dissidenten" bezeichnet - versuchten, die

Öffentlichkeit vor geheimen Regierungsstellen zu warnen, wurde später aufgedeckt, dass das COINTELPRO des FBI in den späten 1940er, 1950er und 1960er Jahren den Auftrag hatte, Kriegsgegner, radikale politische Gruppen und Freiheitsmarschierer mit allen Mitteln zu diffamieren, zu entehren und zu beseitigen. Das böse, streng geheime MK-ULTRA-Programm der CIA führte abscheuliche Gehirnwäsche und bewusstseinsverändernde Drogenexperimente durch, die möglicherweise den Unabomber und die idealen Attentäter hervorgebracht haben.

Als die Atomwaffen 1950 noch in den Kinderschuhen steckten, ließ das Verteidigungsministerium in Wüstenregionen Atombomben explodieren und überwachte dann die ahnungslosen Bürger in den Städten in Windrichtung der Explosion auf medizinische Probleme und Todesfälle.

Mehr als eine Million Menschen waren 1966 der bakteriellen Kriegsführung ausgesetzt.

Wissenschaftler der US-Armee warfen mit Bakterien gefüllte Glühbirnen auf Lüftungsgitter in der New Yorker U-Bahn.

Anhörungen des Senats im Jahr 1977 ergaben, dass 239 dicht besiedelte Orte, darunter San Francisco, Washington, D.C., Key West, Panama City, Minneapolis und St. Louis, zwischen 1949 und 1969 mit biologischen Kampfstoffen verseucht worden waren.

1995 tauchten Beweise dafür auf, dass die während des Golfkriegs eingesetzten biologischen Waffen in Houston und Boca Raton entwickelt und an Insassen des Texas Department of Corrections getestet worden waren.

In den Jahren nach der Zerstörung des World Trade Centers am 11. September 2001 hat Mike Ward von PopMatters (3. Januar 2003) "die wahrscheinlich erstaunlichste Explosion von 'Verschwörungstheorien' in der amerikanischen Geschichte" beschrieben. Wütende Mutmaßungen, die sich vor allem auf schmutzige Regierungsgeschäfte, Hintergedanken und mutmaßliche Zusammenarbeit bei den Anschlägen konzentrieren, haben einen Umfang erreicht, der den des Kennedy-Attentats bei weitem übertrifft."

Verschwörungstheorien sind oft mit inneren Widersprüchen behaftet, und normale Menschen lehnen einige als absolut bizarr und verrückt ab. Oft liegt die Wahrheit irgendwo in der Mitte, und die Aufgabe des sorgfältigen Forschers besteht darin, eine fundierte Entscheidung zu treffen. Leider können diejenigen, die andere beherrschen und beeinflussen wollen, das letzte Wort haben, wenn bestimmte Verschwörungstheorien als zu wild und abwegig abgetan werden, um in Betracht gezogen zu werden.

Verschwörungstheoretiker befürchten, dass die Augen und Ohren von Big Brother im ganzen Land immer aktiver werden.

An Straßenecken in den Vereinigten Staaten und anderen Ländern wie England tauchen immer mehr Kameras auf. Angeblich sollen sie die Polizei beim Scannen von Nummernschildern gestohlener Autos, bei der Festnahme von Dieben und bei der Flucht von Mördern unterstützen. Darüber hinaus verfügen viele Kameras über Gesichtserkennungsfunktionen und können jeden Bürger, der eines unsozialen Verhaltens oder auch nur eines geringfügigen Vergehens verdächtigt wird, mit einer umfangreichen Datenbank abgleichen.

RFID-Chips (Radio Frequency Identification) von der Größe eines

Sandkorns werden verwendet, um die Anwesenheit und die Bewegungen von Kindern in der Schule, die Verkaufstrends im Einzelhandel und die Gewohnheiten von Produktionsarbeitern zu verfolgen. Berichten zufolge ist geplant, allen Säuglingen in den USA und Europa einen Chip zu implantieren.

Regierungsbeamte können sowohl Festnetz- als auch Mobiltelefone problemlos überwachen.

Ein Anachronismus führt einen privaten Anruf durch. Das FBI sah sich gezwungen, bekannt zu geben, dass es routinemäßig Internet-Radio-Talkshows in den Vereinigten Staaten sowie E-Mails und Internet-Surfgewohnheiten überwacht.

Selbst der amerikanische Durchschnittsbürger, der sich mehr für Sport und das Bezahlen von Rechnungen als für Politik und Verschwörungen interessiert, mag sich über die Tatsache beunruhigt fühlen, dass der National Defense Authorization Act die Befugnisse des Patriot Act erweitert hat und dass drei republikanische Präsidentschaftskandidaten Waterboarding als Verhörmethode offen unterstützen. Wie weit würde die Regierung gehen, wenn sie ihre neuen Befugnisse nutzen würde, um eine Person, die des Verrats oder Terrorismus beschuldigt wird, zu zwingen, sich zu diesen Anschuldigungen zu bekennen?

Seit seinen Anfängen war Amerika ein Nährboden für Verschwörungen und Geheimbünde. So hatte Christoph Kolumbus apokalyptische Ansichten und behauptete, eine Vision erhalten zu haben, wonach die Welt im Jahr 1650 untergehen werde und es seine göttliche Bestimmung sei, einen neuen Kontinent zu finden, auf dem der von Johannes in der Offenbarung prophezeite neue Himmel und die neue Erde entstehen würden. Im 16. Jahrhundert hielt der

Freimaurermeister Sir Francis Bacon Amerika für das neue Atlantis, das eine neue Weltordnung hervorbringen würde, die alle Menschen in das irdische Paradies des Goldenen Zeitalters zurückversetzen würde.

Belanglose Verschwörungen über politische oder unternehmerische Konkurrenten sind so alt wie das menschliche Gehirn, schreibt Daniel Pipes im Front-Page Magazin (13. Januar 2004). Die Angst vor großen Verschwörungen, wie z. B. einer geheimen Organisation, die die Weltherrschaft anstrebt, reicht jedoch kaum 900 Jahre zurück und ist "seit der Französischen Revolution seit knapp zwei Jahrhunderten aktiv". Während Madame Guillotine die königlichen Köpfe rasierte, machten einige Einwohner die politischen Machenschaften der bayerischen Illuminaten und deren Einfluss auf die Jakobiner für die Revolution verantwortlich.

Die Furcht vor solchen Verschwörungen und geheimnisvollen Gruppen hat die amerikanische Geschichte mit Warnungen vor verborgenen Machenschaften von Freimaurern, Zionisten, Katholiken, Kommunisten, Weltbankern, Bilderbergern, Illuminaten, Geheimregierungen, New Agern und außerirdischen Invasionen erfüllt. Verschwörungstheorien haben sich zu sich selbst erfüllenden Geschichten über ruchlose Intrigen entwickelt, die für die Ermordung von Abraham Lincoln, James Garfield, John F. Kennedy, Robert F. Kennedy, Martin Luther King, Jr., Malcolm X und Prinzessin Diana verantwortlich sind.

Diana, Prinzessin von Wales Umfragen zufolge hat ein wachsender Anteil der Amerikaner das Gefühl, dass ihnen die Wahrheit über Pearl Harbor, den Golf von Tonkin, die Bombenanschläge in Oklahoma City, die Brände in Waco oder die Zwillingstürme vom

11. September nicht mitgeteilt wurde.

Manchmal scheint es, als ob diese paranoiden Leute an etwas dran sind. Wenn sich Verschwörungen wie die oben genannten als real oder teilweise zutreffend erweisen, scheint die Annahme, dass selbst an der ausgefallensten Verschwörungstheorie ein Körnchen Wahrheit dran ist, ebenfalls wahr zu sein. Michael Barkun, Politikwissenschaftler an der Syracuse University und Autor von A Culture of Conspiracy: Apocalyptic Visions in Contemporary America (2003), ist der Meinung, dass jede Verschwörungstheorie drei Grundsätze hat: Nichts ist zufällig; nichts ist so, wie es scheint; alles ist miteinander verbunden. Barkun zufolge liegt der Kern von Verschwörungstheorien "in dem Versuch, das Böse zu erkennen und zu erklären". Barkun behauptet auch, dass die aktuellen Verschwörungstheorien eine bedeutende neue Entwicklung durchlaufen haben, indem sie das Okkulte, Ketzerische und Unzeitgemäße, wie Spiritismus, Alchemie und Theosophie, mit einbeziehen.

Mit dem Aufkommen des Internets kann jeder zum Verschwörungstheoretiker werden und unkontrolliert und unbestritten Anschuldigungen über Regierungskorruption, Rassenpropaganda oder Entführungen durch Außerirdische in die Welt setzen. Allein bei Google gibt es Hunderte aktiver Websites, die sich mit Verschwörungstheorien und Geheimorganisationen beschäftigen. Die Verbreitung von Geschichten über Verschwörungen und Geheimorganisationen ist vergleichbar mit der Verbreitung von üblem Klatsch und Tratsch. Man muss wissen, was den Tatsachen entspricht und was nur ein Spiegelbild der Vorurteile und Ansichten eines anderen ist.

Seit vielen Jahren erforschen und untersuchen wir die immensen Auswirkungen von Verschwörungstheorien auf die Gesellschaft und wie die Ansichten der Menschen durch die Verbreitung bestimmter Ideen, Theorien und Überzeugungen zum Guten oder Schlechten beeinflusst werden können. Obwohl dieses Buch die eher düsteren Seiten der menschlichen Geschichte einzufangen scheint, die Bilder, die in den dunklen Spiegeln auftauchen und die Darstellungen von Aufruhr, Verwirrung und Täuschung im Laufe der Jahre widerspiegeln, haben wir unser Bestes getan, um dieses Werk objektiv anzugehen. Wir glauben nicht an irgendwelche Verschwörungstheorien und gehören keinen Geheimgesellschaften an. Es bleibt dem Leser überlassen, ob er dieses Buch zur Erheiterung oder zur Aufklärung, zum Erstaunen oder zur Warnung liest.

AIDS/HIV

Verschwörungstheoretikern zufolge hat AIDS seinen Ursprung nicht in Afrika, sondern

sondern in geheimen Regierungslabors, die diese und andere abscheuliche biologische Waffen entwickelt haben.

Die erste Afrikanerin, die den Friedensnobelpreis erhielt, die kenianische Umweltschützerin Wangari Maathai, nutzte das weltweite Rampenlicht, um zu behaupten, dass das AIDS-Virus eine absichtlich entwickelte biologische Waffe sei, die zur Kriegsführung eingesetzt werde. Sie wies die Hypothese zurück, dass AIDS (das erworbene Immunschwächesyndrom) von Affen stammt, und wies darauf hin, dass Afrikaner seit jeher in der Nähe von Affen gelebt haben. Sie stellte jedoch fest, dass die ernüchternde Tatsache, dass 25 Millionen der weltweit 38 Millionen AIDS-Kranken Afrikaner sind, nicht zu leugnen ist, wobei die große Mehrheit Frauen sind.

Die Mehrheit der betroffenen Afrikaner sind Frauen.

Das Außenministerium der Vereinigten Staaten begrüßte Maathai zu ihrem Friedensnobelpreis, widersprach aber ihren Äußerungen, dass das menschliche Immunschwächevirus (HIV), das AIDS verursacht, als Biowaffe in einem westlichen Labor mit dem Ziel der Massenausrottung geschaffen wurde. Während eine solche Aussage vom Außenministerium erwartet werden kann, weisen Verschwörungstheoretiker schnell darauf hin, dass eines der Hauptziele der Neuen Weltordnung und ihrer Agenten, die im Schatten hinter jeder Regierung der Welt arbeiten, darin besteht, die Zahl der Menschen an der Macht zu verringern. Die

Weltbevölkerung erheblich zu vergrößern

Dr. Robert Gallo vom Nationalen Krebsinstitut und Luc Montagnier vom Institut Pasteur in Paris behaupteten, das AIDS-Virus 1984 entdeckt zu haben. 1987 wurde ein Gerichtsverfahren eingeleitet, um den Streit beizulegen. Die Entdecker des Virus waren sich jedoch nie einig über den Ursprung des Virus oder die Entstehung von AIDS. Montagnier vertrat die Auffassung, dass die Ursprünge des Virus unbekannt seien und dass es entscheidend sei, zwischen den Anfängen des Virus und der AIDS-Pandemie zu unterscheiden. Gallo, der mächtigere der beiden Experten, behauptete, das Virus stamme von einem bei Tieren vorkommenden Stammvirus ab und sei über Affen auf den Menschen übertragen worden. Gallo sagte, dass er 1983, ein Jahr bevor er das Virus entdeckte, von Ann Giudici Fettner, einer freiberuflichen Schriftstellerin, die in Afrika gelebt hatte, darüber informiert wurde, dass grüne Affen in Zentralafrika AIDS verursachen. In ihrem Buch Die Wahrheit über AIDS erwähnt Fettner jedoch nie grüne Affen und betont ihre Überzeugung, dass AIDS in Amerika begann. Obwohl es keine wissenschaftlichen Studien gab, die Gallos These vom grünen Affen untermauerten, blieb diese Erklärung in den Medien und in der Öffentlichkeit bis Ende der 1990er Jahre populär, als eine andere Gruppe amerikanischer Wissenschaftler behauptete, den Ursprung des Virus in einer Schimpansenart entdeckt zu haben.

Viele Verschwörungstheoretiker haben die Theorie, dass AIDS von einem grünen Affen, einem Schimpansen oder einer Ziege aus Afrika stammt, nie akzeptiert. Die ersten homosexuellen Männer wurden 1979 mit der "Immunschwächekrankheit" diagnostiziert. Im ersten Jahr der Pandemie waren die Opfer alle jung, meist weiß, zuvor gesund, hochgebildet und promiskuitiv - und sie wohnten alle in Manhattan. Bis 1980 hatte sich die Krankheit auf homosexuelle Männer in San Francisco, Los Angeles, Denver, St. Louis und Chicago ausgebreitet. Im Juni 1981 wurde offiziell eine AIDS-Pandemie ausgerufen. Vor dieser Zeit war AIDS in Afrika unbekannt, und die Pandemie begann dort erst Ende 1982. Gallo wurde weltberühmt, weil er die grünen Affen in Afrika entdeckte, bei denen die Krankheit seit Generationen vor der Pandemie im Jahr 1984 grassierte.

Es ist jedoch ein verwirrendes Zeitproblem aufgetreten. Wenn die ersten AIDS-Fälle den Centers for Disease Control (CDC) im Jahr 1979 gemeldet wurden, sollen wir dann glauben, dass alle homosexuellen Männer in Manhattan, die sich die Krankheit eingefangen haben, gerade in Afrika waren und von grünen Affen gebissen wurden? Oder gibt es einen Zusammenhang zwischen den von der Regierung geförderten Hepatitis-B-Studien, die 1978, also ein Jahr zuvor, mit homosexuellen Männern in Manhattan begannen?

Die HIV-Pandemie, die 1979 ausbrach? Im Jahr 1980 finanzierte die Regierung vergleichbare Hepatitis-B-Studien in San Francisco, Los Angeles, Denver, St. Louis und Chicago. Die experimentelle Impfung, die all diesen homosexuellen Männern verabreicht wurde, soll an Schimpansen entwickelt worden sein.

Anfang der 1970er Jahre kursierten Berichte über die verdeckte Forschung der Regierung im Bereich der biologischen Kriegsführung und über Wissenschaftler, die "Spezies-Sprünge" durchführten, indem sie Viren mischten und sie in tierische und menschliche Zellkulturen einpflanzten. Präsident Richard Nixon legte 1971 die Abteilung für biologische Kriegsführung der US-

Armee in Fort Detrick, Maryland, mit dem National Cancer Institute zusammen. Obwohl diese Initiative in der Öffentlichkeit als Teil des "Kriegs gegen den Krebs" des Präsidenten beworben wurde, verknüpfte sie auch die DNA- und Gentechnikoperationen der Armee mit der Krebsforschung und molekularbiologischen Studien. Darüber hinaus wurden Krebsforschungsprogramme kommerzieller Unternehmen in die Krebsforschung der CIA, der Centers for Disease Control and Prevention und der Weltgesundheitsorganisation integriert. Mit dem Fortschreiten der Forschung wurden Hunderte von neuen Laborhybriden, rekombinanten und mutierten Viren entwickelt. Einige sozial engagierte Wissenschaftler begannen, andere zu warnen, dass einige neu entwickelte Viren äußerst schädlich sein könnten, wenn sie aus dem Labor freigesetzt würden. Schließlich verbreitete sich dank der Bemühungen einiger Whistleblower die Nachricht, dass Wissenschaftler der Regierung einen synthetischen biologischen Wirkstoff entwickelt hatten, der in der Natur nicht vorkommt und gegen den keine natürliche Immunität aufgebaut werden kann.

Das Wissen um diese Errungenschaft verbreitete sich schnell unter anderen Regierungsforschern in der ganzen Welt. Der dänische Arzt Johannes Clemmesen warnte 1973, dass die Übertragbarkeit solcher gentechnisch hergestellter viraler Erreger einen weltweiten Krebsausbruch auslösen könnte, falls sie jemals aus dem Labor entwichen. Seine Vorhersage bewahrheitete sich dann 1979 mit dem Ausbruch von AIDS in der homosexuellen Gemeinschaft Manhattans.

Obwohl die meisten Menschen die Erklärung von Robert Gallo akzeptieren, dass die AIDS-Pandemie die Folge eines Affenvirus ist, der die Arten kreuzt, haben Verschwörungstheoretiker ihre Theorien über AIDS/HIV aufgestellt. Einige der hartnäckigsten Hypothesen lauten wie folgt:

- Der Fluss: A Journey to the Source of HIV-AIDS von Edward Hopper vertritt die These, dass HIV aus dem in Schimpansen vorkommenden SIV (simian immunodeficiency virus) entstanden ist. Hooper beschreibt ein Szenario, in dem der Bösewicht Dr. Hilary Koprowski ist, ein Virologe, der für Wistar in Philadelphia arbeitet.

- Anfang der 1950er Jahre verwendete das Forschungsinstitut eine eilig gezüchtete Schimpansennierenkultur, um eine Million Dosen eines Schluckimpfstoffs für eine riesige experimentelle Polio-Immunisierungskampagne in Belgisch-Kongo herzustellen. Die Pharmafirma, die Druck auf Koprowski ausübte, um Dr. Salk und Dr. Sabin mit dem ersten kommerziell erhältlichen Polioimpfstoff zu schlagen, trieb ihn zur Eile und Schnelligkeit bei der Durchführung der Massenimpfung an.

- In den 1970er Jahren verabreichte die Weltgesundheitsorganisation, die von der Neuen Weltordnung kontrolliert wird, absichtlich verdorbene Impfungen an Menschen in Ländern der Dritten Welt und verursachte so die AIDS-Pandemie. Ursprünglich war Afrika das Ziel einer Pockenausrottungsaktion, so dass später ein Zusammenhang hergestellt werden konnte, dass AIDS in Afrika begann.

- Um 1977 haben Wissenschaftler des US-Militärs in Fort Detrick das HIV-Virus durch Verschmelzung des Visna- und

14

des HTLV-Virus biotechnologisch hergestellt. Es wurde an Sträflingen getestet, die sich im Gegenzug für eine vorzeitige Entlassung bereitwillig mit dem Virus infizieren ließen. Das Virus verbreitete sich von diesen freigelassenen Straftätern auf eine größere Bevölkerungsgruppe, insbesondere auf die LGBT-Gemeinschaft.

- Der sowjetische KGB produzierte die Viren und verbreitete Fehlinformationen, wonach die CIA hinter der Verbreitung der Krankheit steckte.

- AIDS ist das Ergebnis der Biokriegsforschung der US-Regierung mit dem ausdrücklichen Ziel, den Bevölkerungsüberschuss unter Schwarzen, Homosexuellen und anderen gesellschaftlichen Gruppen zu beseitigen.

- Dr. Alan Cantwell (AIDS und die Ärzte des Todes: Eine Untersuchung über die Ursprünge der AIDS-Epidemie und Queer Blood: The Secret AIDS Genocide Plot) glaubt, dass HIV ein genetisch verändertes Virus ist, das von Wissenschaftlern der US-Regierung zwischen 1978 und 1981 in Manhattan, Los Angeles, St. Louis, Denver und Chicago unter dem Deckmantel von Hepatitis-B-Experimenten in die schwule und bisexuelle Bevölkerung eingeschleust wurde.

- Dr. Gary Glum (Full Disclosure) behauptet, er habe streng geheime Informationen darüber erhalten, dass das AIDS-Virus im Cold Spring Harbor Laboratory in Cold Spring Harbor, New York, hergestellt wurde. Die Weltgesundheitsorganisation und das Rote Kreuz sind an dem Komplott zur Verbreitung von AIDS beteiligt, das 1978 als Teil des umfassenden Plans der Illuminaten und der Neuen Weltordnung zur Bevölkerungskontrolle veröffentlicht wurde. Glum weist darauf hin, dass das Virus wesentlich leichter übertragen wird, als die medizinischen Aufzeichnungen vermuten lassen, und dass es durch Küssen, Mückenstiche und zufälligen Kontakt übertragen werden kann. Dr. Glum behauptet weiter, dass Upjohn Pharmaceuticals verschiedene medizinische Mittel gegen AIDS besitzt, die Regierung aber die Freigabe der Medikamente verboten hat.

- Die Nation of Islam und die New Black Panther Party unter der Führung von Louis Farrakhan haben jüdische Ärzte beschuldigt, AIDS erfunden zu haben, um Schwarze auf der ganzen Welt auszurotten.

- Dr. Leonard G. Horowitz (Neu auftretende Viren: AIDS and Ebola-Nature, Accident, or Intentional? und Death in the Air: Globalism, Terrorism, and Toxic Warfare) stellt die Theorie auf, dass AIDS von Rüstungsunternehmen der US-Regierung wie Litton Bionetics entwickelt wurde, um Juden, Schwarze und Hispanics in einem massiven Bevölkerungskontrollprogramm als erste zu eliminieren.

WOODPECKER

Das verdeckte russische "Woodpecker"-Tap-Tap-Tap hat ELF auf die US-Küstengemeinden geschossen.
Küstengemeinden und löste Panik, Trauer
und Selbstmorde unter den Bewohnern.

Warnungen, dass sowjetische U-Boote ELF-Funk auf US-Küstenstädte abstrahlten, alarmierten 1975 und in den darauf folgenden Jahren Verschwörungstheoretiker. (ELF, oder extrem niedrige Frequenz, bezieht sich auf den Radiofrequenzbereich von 3 bis 300 Hz.) Verschwörungstheoretiker behaupten, dass die Niederfrequenz unter der Küstenbevölkerung weit verbreitete Krankheiten, Migräne, Depressionen und sogar Selbstmorde verursachte. Abhörgeräte nahmen das ELF-Signal auf, das als "tap, tap, tap, tap, tap" beschrieben wurde und sich ähnlich wie das Klopfen eines Spechts auf einen Baum anhörte.

Eine geheime russische neuro-medizinische Studie hat gezeigt, dass jede Stimmung, jeder Gedanke und jede Emotion, die Menschen erleben, eine eigene Reihe von Gehirnfrequenzen hat. Russische Wissenschaftler und Psychologen erstellten eine umfassende Liste dieser Gehirnprozesse mit ihrer spezifischen Frequenz. Die U-Boote könnten ELF-Wellen für Zorn, Selbstmord, Hysterie, Sehnsucht, Psychose oder Verzweiflung auf Hunderte, wenn nicht Tausende von unwissenden Opfern aus den trüben Meeren vor der Küste der Vereinigten Staaten schießen. Die sowjetischen U-Boote versuchten nicht, das ganze Land auszurotten. Wenn es ihnen gelänge, bei den Küstenbewohnern neurologische Zusammenbrüche hervorzurufen, wäre das der Beweis dafür, dass das menschliche Gehirn selbst aus der Ferne durch ELF, die durch pulsmodulierte Mikrostrahlen übertragen werden, manipuliert werden kann. Eugene, Oregon, USA

Eine der Städte, in denen die pulsierenden "Woodpecker"-ELF-Impulse der Sowjets in entscheidenden Gehirnwellenrhythmen erhebliche Auswirkungen hatten.

Es war bekannt, dass die US-Marine ELF zur Kommunikation mit Unterseebooten nutzte. Aufgrund der elektrischen Leitfähigkeit von Salzwasser können die meisten elektromagnetischen Signale Unterwasserfahrzeuge nicht erreichen. ELF wird in der alltäglichen Kommunikation nur selten eingesetzt, da die sehr geringe Übertragungsrate die Installation einer sehr großen Antenne mit einer Reichweite von mehreren Kilometern erforderlich macht.

Verschwörungstheoretikern zufolge begannen Wissenschaftler des US-Militärs zu begreifen, dass der "Woodpecker" mehr als nur eine Hysterie des Kalten Krieges war. Die Marine stellte schließlich mehr als 25 Millionen Dollar für die ELF-Forschung bereit. Es dauerte nicht lange, bis Amerika seine Flotte von "Woodpeckern" an den Küsten der Länder des Sowjetblocks aufmarschieren ließ.

Der amerikanische Senator Gaylord Nelson drängte später die Marine, ihre Studien zu veröffentlichen, die beweisen, dass ELF-Felder die menschliche Blutchemie verändern können. Dr. Susan Bawin und Dr. W. Ross Adey wiesen 1976 nach, dass ELF-Felder die Nervenzellen beeinflussen.

Das ungewöhnliche anomale Himmelsleuchten, seltsame Blitze und mysteriöse Plasmaphänomene wurden im Sommer 1977 am Himmel rund um die Specht-Senderstandorte in der UdSSR beobachtet. Nach Angaben der Washington Post (23. September 1977) wurde ein "seltsamer, sternförmiger Lichtball" am Himmel über Petrosawodsk, Sowjetkarelien, gesichtet, der sich "wie eine Qualle ausbreitete und Lichtschächte ausstieß".

Die Regierung der Vereinigten Staaten errichtete und unterhielt zwei Standorte im Chequamegon National Forest in Wisconsin und im Escanaba State Forest in Michigan, an denen jeweils Stromleitungen als Antennen mit einer Länge von vierzehn bis achtundzwanzig Meilen verlegt wurden. Umweltschützer machten sich zunehmend Sorgen über die Umweltbedingungen und die menschliche Gesundheit, die durch die großen Mengen an Energie, die von ELF erzeugt und freigesetzt wurden, verursacht wurden. Im Jahr 1984 ordnete ein Bundesgericht an, die Entwicklung zu unterbrechen, bis weitere Untersuchungen durchgeführt und überprüft werden konnten.

Während der massiven Überschwemmungen, die 1993 den Mittleren Westen überschwemmten, sahen viele Menschen "seltsame Lichterscheinungen", die sich aus "den Spitzen der Sturmwolken in den oberen Himmel" ergossen. Nach Angaben des Kansas City Star ähnelten die seltsamen Lichtblitze "Quallen". Am 24. September 1993 stellte die Zeitung fest, dass die Lichtblitze dort am hellsten waren, wo sie ihren Höhepunkt erreichten - typischerweise in einer Höhe von etwa 40 Meilen -, so dass man den Quallenkörper an der Spitze mit den Tentakeln nach unten sieht.

Die Antennen der ELF-Standorte Chequamegon und Escanaba wurden 2004 außer Betrieb genommen. Nach Ansicht von Verschwörungstheoretikern macht es keinen Unterschied, ob die Regierung die beiden Standorte abreißt. HAARP übertrifft diese lästigen russischen und amerikanischen Spechte bei der

Wetterkontrolle und der globalen militärischen Vorherrschaft bei weitem.

AUM SHINRIKYO (HÖCHSTE WAHRHEIT)

Asahara Shoko trug zur Verwirklichung seiner apokalyptischen Prophezeiungen bei, indem er seine Anhänger in Tokioter U-Bahn-Stationen Sarin-Nervengas freisetzen ließ.

Asahara Shoko (geboren als Chizuo Matsumoto) gründete 1987 Aum Shinrikyo, eine Sekte mit Hunderten von Anhängern. Shoko/Matsu moto behauptete, er habe 1986 allein im indischen Himalaya-Gebirge Erleuchtung erlangt. Er erhielt den heiligen Namen Asahara Shoko, eine neue Religion namens Aum (Sanskrit für die Kräfte der Zerstörung und der Schöpfung), Shinrikyo (Lehre von der höchsten Wahrheit) und den Auftrag, die Wahrheit über die Schöpfung und Zerstörung des Universums zu lehren. Außerdem würden die hervorragenden Bemühungen von Aum das Eintreten der Apokalypse verhindern. Nach erheblichem Widerstand hat die In Japan wurde die Organisation als religiöse Körperschaft anerkannt.

Asahara Shoko ließ sich stark von der Offenbarung der Bibel, den Prophezeiungen von Nostradamus, den tibetisch-buddhistischen Lehren über Seelenwanderung und verschiedenen hinduistischen Themen und Gottheiten inspirieren. Die Hauptgottheit von Aum ist Shiva, der hinduistische Gott der Verwüstung. Ursprünglich wies Asahara seine Schüler an, sich darum zu bemühen, schlechte Energie in gute Energie zu verwandeln. Um der Verwüstung eines

Atomkriegs zu entgehen, müssen dreißigtausend Schüler durch seine Lehren echte spirituelle Emanzipation erfahren.

Nur wenige Außenstehende ahnten, dass Asahara ein großes Komplott zur Übernahme Japans und schließlich der ganzen Welt plante. Shinto (Oberste Wahrheitspartei), eine neue, von Aum gegründete politische Partei, stellte bei den japanischen Parlamentswahlen 1990 fünfundzwanzig Kandidaten auf. Hätten nicht alle fünfundzwanzig Shinrito-Kandidaten bei den Wahlen eine Niederlage erlitten, wäre vielleicht alles anders gekommen. Stattdessen begann Asahara, apokalyptische Visionen zu bekommen, die das bevorstehende Ende des Planeten betonten. Eine der schrecklichen Prophezeiungen aus der Geisterwelt sagte voraus, dass die Vereinigten Staaten den Dritten Weltkrieg mit Japan auslösen und damit das Armageddon einleiten würden.

Asahara forderte seine Anhänger auf, schnell zu handeln, um die Kontrolle über Japan zu erlangen, da eine solche Katastrophe drohe. Einer der Grundsätze des Aum-Glaubenssystems besagt, dass die Anhänger ihr negatives Karma abbauen können, indem sie verschiedene Arten von Schwierigkeiten durchleben. In der Tat schien es naheliegend, dass Ungläubigen geholfen werden könnte, ihr negatives Karma zu beseitigen, wenn Aum ihnen in ihrem Leiden - sogar im Tod - beistehen könnte.

Aum verursachte 1994 eine Reihe seltsamer chemischer Zwischenfälle in Japan. Saringaswolken töteten sieben Menschen und verletzten Hunderte weitere in der zentraljapanischen Region Kita-Fukashi. Am 20. März 1995, während des morgendlichen

Berufsverkehrs in Tokio, stiegen zehn hochrangige Aum-Anhänger in fünf U-Bahn-Züge an verschiedenen Stationen ein und setzten zu einem bestimmten Zeitpunkt Sarin frei, das zwölf Menschen tötete und Tausende weitere verletzte. Die Polizei von Tokio untersuchte die Sekte und fand heraus, dass Asahara zwischen Oktober 1988 und März 1995 möglicherweise den Tod von dreiunddreißig Aum-Mitgliedern angeordnet hatte, die sich seinen Anweisungen widersetzten oder die Sekte verlassen wollten. Im Mai 1995 verhafteten die japanischen Behörden Asahara und 104 seiner Anhänger.

Im Oktober 1995 hob die japanische Regierung ihre Anerkennung der Aum als religiöse Organisation auf. Dennoch entschied ein Regierungsgremium 1997, das Anti-Subversionsgesetz des Landes nicht gegen die Gruppe anzuwenden, das ein Verbot der Sekte zur Folge gehabt hätte. Aufgrund der Befürchtung, dass die Aum in Zukunft terroristische Anschläge verüben könnte, ermächtigte ein 1999 verabschiedetes Gesetz die Regierung jedoch, die Organisation weiterhin polizeilich zu überwachen. Im Juli 2001 nahmen russische Beamte eine Gruppe russischer Aum-Anhänger fest, die vorhatten, in der Nähe des Tokioter Kaiserpalastes Sprengstoff zu zünden, um Asahara zu befreien und nach Russland zu überführen.

Im Januar 2000 änderte Aum unter der Leitung von Fumihiro Joyu seinen Namen in Aleph ("neu beginnen") und behauptete, die gewalttätigen und sektenähnlichen Praktiken von Aum abgelehnt zu haben.

Anfang 2005 führten die japanischen Behörden jedoch eine Razzia in vier sektenähnlichen Einrichtungen durch. In einem davon entdeckten sie einen Geigerdetektor und einen groß angelegten Betonbunker mit zwei Stockwerken Tiefe. Viele besorgte Japaner fragten sich, ob dieser Ort die komplexen Einrichtungen in der Nähe des Mount Fuji übernehmen sollte, wo Aum Shinrikyo früher Sarin-Gas herstellte und abtrünnige Mitglieder folterte und verbrannte.

LOUIS BEAM

Louis Beam wurde zu einem einsamen Terroristen gegen die Regierung,
die er als Verrat an der weißen Rasse ansah.

Louis Beam (1946-), eine der einflussreichsten und brisantesten Persönlichkeiten der extremen Rechten, wird oft als erster bedeutender Vertreter des "einsamen Wolfs" oder des "führerlosen Widerstands" angesehen. Beam engagierte sich zunächst als Klan-Mitglied, dann als Neonazi mit Verbindungen zur christlichen Identität. Seit mehr als drei Jahrzehnten führt er eine aggressive Kampagne gegen eine Regierung, die er für korrupt hält.

Despotisch und unter der Leitung einer multinationalen jüdischen Verschwörung

Beam wuchs in Lake Jackson, Texas, inmitten der Rassentrennung im Süden auf. Nach einem achtzehnmonatigen Dienst in Vietnam kehrte er 1968 nach Texas zurück und schloss sich dem texanischen Chapter der United Klans of America (UKA) unter der Leitung des texanischen Großdrachens Frank Converse an.

Beam verließ die UKA 1976 und schloss sich David Dukes Knights of the Ku Klux Klan (KKK) an, wo er mit der Ausbildung von Klansoldaten im Guerillakrieg beauftragt war.

Beam machte sich zunehmend Sorgen über die schwindenden Mitgliederzahlen der weißen Rassistenbewegung, und es wurde sein persönliches Ziel, den Klan irgendwie wiederzubeleben. In den Jahren 1978 und 1979 rekrutierte er Klan-Mitglieder unter den Soldaten der US-Armee in Fort Hood in Texas, und 1980 wurde er von Duke zum Großdrachen des texanischen KKK ernannt.

Beam löste 1981 große Spannungen zwischen geflüchteten vietnamesischen Garnelenarbeitern und einheimischen Fischern aus, die sich die Gewässer der Golfküste in der Galveston Bay in Texas teilten. Der Schlachtruf war "White Power! We Will Fight!" Beam schickte bewaffnete Klansoldaten, um die texanischen Fischer zu verteidigen, während er gleichzeitig Flüchtlingsfischer und andere vietnamesische Familien in der Umgebung schikanierte.

In Zusammenarbeit mit dem Southern Poverty Law Center reichte die Vietnamese Fishermen's Association eine einstweilige Verfügung ein, um die Belästigungen durch den Klan zu beenden. Ein US-Bezirksrichter entschied im Mai 1981 zugunsten der Kläger und wies Beam und seine Männer an, sich nicht mehr an illegalen Gewalttaten und Einschüchterungsversuchen zu beteiligen.

Beam trat als texanischer Großdrache zurück, um Botschafter der Aryan Nations von Richard Butler zu werden. Während seines Aufenthalts im arischen Hauptquartier in Hayden Lake, Idaho, entwickelte Beam ein komplexes Computernetzwerk, um rassistische und antisemitische Propaganda effizienter zu verbreiten. Beam entwickelte auch das berüchtigte "Punktesystem" für Attentate, das potenziellen Attentätern je nach dem Wert ihrer Ziele Punkte zuwies. Als der kranke Butler beschloss, zurückzutreten, deutete alles darauf hin, dass Beam die Leitung der Aryan Nations übernehmen würde.

Beam und dreizehn weitere Personen wurden am 24. April 1987 von einem Bundesgericht in Fort Smith, Arkansas, angeklagt, unter anderem wegen des Brandanschlags auf ein jüdisches Gemeindezentrum in Bloomington, Indiana, wegen des Versuchs, eine Erdgasleitung in Fulton, Arkansas, in die Luft zu sprengen, wegen des Erwerbs von Feuerwaffen und Sprengstoff in Missouri und Oklahoma und wegen des Diebstahls von über 4 Millionen Dollar aus Banken und gepanzerten Fahrzeugen.

Im Bundesstaat Washington floh Beam unter dem Decknamen "Lonestar" nach Mexiko, bevor die Anklageschrift veröffentlicht wurde. Beam wurde am 6. November 1987 nach einer Auseinandersetzung mit der mexikanischen Bundespolizei in Guadalajara, bei der ein Beamter schwer verletzt wurde, festgenommen und den US-Ermittlern übergeben.

Beam entschied sich, sich vor Gericht mit Hilfe von Kirk Lyons zu verteidigen, einem Anwalt, der dafür bekannt war, mit rechtsradikalen Mandanten zu sympathisieren. Nach sieben Wochen Zeugenaussagen und zwanzigstündigen Beratungen sprachen die Geschworenen Beam und seine Mitangeklagten am 7. April 1988 in allen Anklagepunkten frei und fügten damit den Bemühungen der Bundesregierung, die extreme Rechte in den 1980er Jahren zu kontrollieren, eine bedeutende Niederlage zu.

Beam begrüßte die Gründung der "Neuen Rechten", einer Bewegung, die die christliche Identität mit der "Bildung eines Nationalstaates für den weißen Mann, einer arischen Republik innerhalb der Grenzen des bestehenden besetzten Landes" verband, und war von neuem Vertrauen in seine Sache und Verachtung für die Bundesregierung erfüllt. Gleichzeitig stellte Beam Verbindungen zwischen der extremen Rechten Amerikas und den "Freiheitsbewegungen" in Syrien, Libyen, Iran und Palästina her. Palästinenserführer Jassir Arafat war nach Beams Meinung eine besonders bewundernswerte Persönlichkeit.

Der Balken wurde weithin als eine der wichtigsten Persönlichkeiten des amerikanischen Radikalismus in der ersten Hälfte des Jahres 199 angesehen. Er fiel bei den Extremisten der Bewegung allmählich in Ungnade, weil er der Säuberung des Landes von den Sünden der Bundesregierung Vorrang vor dem Antisemitismus einräumte. Der Balken wurde auch mit antinazistischen Äußerungen gehört.

In einem Brief an seine Unterstützer im Oktober 1996 teilte Beam mit, dass seit seiner Verhaftung, seinem Prozess und seiner anschließenden Freilassung in Fort Smith, Arkansas, zehn Jahre vergangen seien. Er habe der Sache weitere zehn Jahre gewidmet und wolle sich nun den Rest seines Lebens seiner Familie widmen. Außerdem gestand er zum ersten Mal, dass er während seines Dienstes in Vietnam Agent Orange ausgesetzt gewesen war und dass sich sein Gesundheitszustand verschlechterte.

Beam konzentriert seine Energien nun ausschließlich auf seine Website.

BIG BROTHER

Verschwörungstheoretikern zufolge ist die Warnung nicht mehr nur eine literarische
Anspielung - Big Brother überwacht uns.

Der Romanklassiker 1984 schildert eine düstere Zukunft, in der eine totalitäre Regierung, bekannt als "die Partei", jederzeit die volle Kontrolle über ihre Bürger hat. Viele halten dieses Werk für eine nahezu perfekte prophetische Vision einer äußerst düsteren und schrecklichen Zukunft von George Orwell, die sich im einundzwanzigsten Jahrhundert direkt vor unseren Augen zu entfalten scheint

Wir können heute alle Menschen mit Hilfe von Gehirnwäsche, Medien (einschließlich Fernsehen, Filmen und computerähnlichen Geräten, die Propaganda ausstrahlen), Überwachungs- und Spionagesystemen, die jeden unserer Schritte verfolgen, und sogar der Fähigkeit, durch Wände hindurch zu sehen und zu hören, beherrschen und überwachen. Die meisten dieser Dinge gab es jedoch 1949, als Orwell darüber schrieb, noch nicht.

In Orwells Buch "Big Brother" wird der oberste Führer der Partei mit einer totalitären Gesellschaft assoziiert, in der Unternehmen und die Regierung uns die Freiheit, die Privatsphäre und die Fähigkeit, selbst zu denken, nehmen und mit unbegrenzter Macht und Kontrolle über uns herrschen. Das Motto der Partei, "Big Brother Is Watching You", wird ständig in und über alle Medien in diesem Buch verbreitet. Es gibt keinen Ort, an dem man sich verstecken kann, denn Banner, Plakate, Film- und Fernsehbildschirme, Laptops,

Briefmarken usw. sind überall zu sehen.

Münzen und sogar die Übertragung von Ideen sind Ausdruck der von Big Brother proklamierten vollständigen Herrschaft. In der Folge sind die Begriffe Big Brother und "Big Brother Is Watching You" allgegenwärtig geworden, wenn es um Verschwörungen geht, die eine Eine-Welt-Regierung herbeiführen sollen.

MAE BRUSSELL

Jahrelange gründliche Nachforschungen brachten Mae Brussell zu der Überzeugung, dass der Kennedy-Mord, die CIA und Nazi-Deutschland Teil eines globalen Netzwerks von Geheimorganisationen waren.

Mae Brussell wurde ihren zahlreichen Anhängern nach siebzehn Jahren kämpferischer und feuriger Radiosendungen als "Radio Queen" bekannt. Sie warnte ihre Zuhörer, dass eine Schattenregierung die Vereinigten Staaten im Verborgenen regiert.

Verschwörungstheoretiker sind diejenigen, die an Verschwörungen glauben.

Mae Magnin wurde 1922 in Beverly Hills als Tochter des berühmten Rabbiners des Wilshire Boulevard Tempels, Edgar Magnin, und als Urenkelin von Isaac Magnin, dem Gründer der I. Magnin Bekleidungsgeschäfte, geboren. Mae war verheiratet, hatte fünf Kinder und lebte 1963 in Südkalifornien. Sie war der Überzeugung, dass Lee Harvey Oswald das Attentat auf John F. Kennedy nicht begangen haben konnte.

Infolge ihrer Beteiligung an der Ermordung von John F. Kennedy als Einzelkämpferin verlagerte sich ihr Interesse von der Hausfrau und Mutter auf die Suche nach Hinweisen auf die Ermordung von Kennedy und Oswald und wurde zu einer Verschwörungstheoretikerin. Mae kaufte den sechsundzwanzigbändigen Bericht der Warren-Kommission über die Morde und begann, Material aus einer Vielzahl von Büchern, Zeitschriften und offiziellen Unterlagen zu lesen, zu ordnen und mit

Querverweisen zu versehen.

Nach jahrelangen gründlichen Untersuchungen stellte Mae fest, dass das Kennedy-Attentat Verbindungen zur CIA und zu Nazideutschland sowie zu einer Vielzahl moderner und historischer Organisationen und Ereignisse in der ganzen Welt aufwies. Es schien ihr, dass das internationale Netzwerk von Geheimorganisationen und Verschwörungen, das sich während des Zweiten Weltkriegs gebildet und angeblich die Achsenmächte besiegt hatte, in den Untergrund gegangen war und seine Mission, Regierungen weltweit zu beherrschen, sehr erfolgreich fortgesetzt hatte. Mae erkannte in einem Dokument nach dem anderen viele der gleichen Namen und betrügerischen Strategien wieder, mit denen Deutschland in den 1920er und 1930er Jahren von einem hochentwickelten und wissenschaftlichen Land in eine grausame Maschinerie aus Bigotterie und Hass verwandelt wurde.

Nach sieben Jahren Studium wurde Mae im Juni 1971 als Gastrednerin bei KLRB, einem lokalen Radiosender, eingeladen, um ihre Meinung zu politischen Morden zu äußern. Die Reaktion des Publikums war positiv, und sie hatte bald ihre eigene Sendung.

Dialoge: Conspiracy, Show (später umbenannt in World Watchers International). Mae stellte ihrem Publikum siebzehn Jahre lang fast jede Woche das Material aus ihren Rohdatenfiles zur Verfügung und berichtete über alles, vom Tod des Präsidenten in Dallas über die Iran-Contra-Ermittlungen bis hin zu den, wie sie es nannte, Gräueltaten und Schwerverbrechen der Reagan-Regierung.

Als Maes Programm noch keinen eigenen Sender hatte, nahm sie ihre Sendungen zu Hause auf einem kleinen Kassettenrekorder auf und schickte sie an eine Liste von Abonnenten. Ihre Radiosendung wurde 1983 von KAZU in Pacific Grove, Kalifornien, übernommen, doch 1988 wurde sie aufgrund von Morddrohungen abgesetzt. Bis zum 13. Juni 1988 sendete sie weiterhin Aufnahmen, in denen sie ihre Studien und Entdeckungen erläuterte. Am 3. Oktober 1988 starb Mae Brussell an Krebs. Ihre Kunst kann unter http://www.maebrussell.com besichtigt werden.

X-FILES

Die X-Akten waren in den 1990er Jahren die maßgebliche Serie für
Verschwörungstheoretiker
Verschwörungstheoretiker, UFO-Enthusiasten und Fans des Paranormalen.

1993 schuf Chris Carter, der Schöpfer der Fox-Fernsehserie Akte X, eine Mischung aus UFO-Mythologie, wachsendem Misstrauen der Öffentlichkeit gegenüber der Regierung und zunehmendem Interesse am Paranormalen, die während ihrer neunjährigen Laufzeit in der Regel als zweitbeliebtestes Drama (nach ER auf NBC) bei jungen Erwachsenen abschnitt. Die X-Akten hatten in ihrer besten Zeit im Jahr 1997 schätzungsweise 20 Millionen Zuschauer pro Folge. Sandy Grushow, die Chefin von Fox Entertainment, sagte 2002, kurz vor der letzten Folge der Serie, dass The

Die X-Akten hatten dem Unternehmen mehr als 1 Milliarde Dollar eingebracht.

Die X-Akten waren in den 1990er Jahren zweifelsohne die prägende Serie für Verschwörungstheoretiker und Liebhaber des Paranormalen. Doch anstatt eine Kultsensation für die politische Randgruppe zu werden, widersetzte sich die Serie allen Erwartungen und erfüllte das allgemeine Publikum mit Paranoia. Fox Mulder (David Duchovny) und Dana Scully (Gillian Anderson) vom FBI verfolgten regelmäßig UFOs, außerirdische Kopfgeldjäger und böse Regierungsbeamte und erklärten ihren Zuschauern, dass "die Wahrheit da draußen ist". Da jedoch eine ultrageheime und brutale Regierungsorganisation die Wahrheit verbarg, mussten sie "niemandem trauen". Und es genügte, die Nachrichten zu sehen oder die Tageszeitung zu lesen, um reale, hochrangige Vertuschungen zu sehen oder nach eigenmächtigen Fehlern wie Iran-Contra, Watergate, Ruby Ridge und Waco eine Skepsis gegenüber der Regierung zu entwickeln.

Die X-Akten wurden 1996 mit den Golden Globes für das beste Fernsehdrama, den besten Schauspieler in einem Fernsehdrama (Duchovny) und die beste Schauspielerin in einem Fernsehdrama (Anderson) ausgezeichnet.

Nach Carters Mythologie für die Serie begann die Invasion der Außerirdischen in der Antike. Sie wurde 1947 vom US-Militär und einer geheimen Abteilung der Regierung nach einem Absturz einer fliegenden Untertasse in Roswell, New Mexico, aufgedeckt. Obwohl Mulder und Scully Vampire, Geister und eine breite Palette von Monstern untersuchten, war es die komplizierte, manchmal geradezu verwirrende UFO-Mythologie, die die Serie zusammenhielt und die Fans Woche für Woche zurückkehren ließ, um die Fortschritte der Agenten bei der Lösung des ultimativen Falls zu verfolgen, der die geheime Regierung zwingen würde, die Wahrheit über Außerirdische zuzugeben.

Am 19. Juni 1998 kam der X-Akten-Film Fight the Future in die Kinos, der den Schrecken der Fernsehserie in die großen Kinosäle des Landes brachte. Der Film erreichte in der ersten Woche mit 31 Millionen Dollar die höchsten Einnahmen an den Kinokassen. Danach spielte er mehr als 100 Millionen Dollar ein.

In den letzten beiden Staffeln von Akte X war Mulder, der sich angeblich vor der geheimen Regierung versteckte, weniger zu sehen und Scully, die zu einer Art Beraterin aufgestiegen zu sein schien, weniger präsent. Stattdessen übernahmen die neuen Darsteller der

Serie, Robert Patrick als Agent John Doggett und Annabeth Gish als Agentin Monica Reyes, die meisten Aufgaben bei der Suche nach Monstern, ruhelosen Geistern und eigenwilligen Außerirdischen.

Bevor die Serie im Mai 2002 endete, wurden Scully und Mulder entführt, und Scully, die zuvor als unfähig galt, Kinder zu bekommen, brachte unter unerklärlichen Umständen ein Kind zur Welt. Scullys Kind, William, stammt von Mulder, entweder durch Spendersamen oder dadurch, dass die Außerirdischen sie während einer der Entführungsepisoden mit dem Samen ihres Partners künstlich befruchtet haben, obwohl den treuen Fans der Serie eine Hochzeit zwischen Scully und Mulder oder sogar eine diskrete Liebesszene zwischen den beiden verwehrt wurde. Vielleicht wollte Chris Carter uns aber auch nicht alles zeigen. Die Geschichte endete damit, dass die beiden Seelenverwandten vor der ständigen Bedrohung durch den Cigarette Smoking Man und kopfgeldjagende Außerirdische flohen, um gemeinsam ein neues Leben zu beginnen.

Die X-Akten, oft als kulturelles Phänomen gepriesen und als die bis dahin erfolgreichste Science-Fiction-Serie der Fernsehgeschichte angesehen, hatte einen unermesslichen Einfluss auf die Vorstellungen der Öffentlichkeit über UFOs, Entführungen und Regierungsverschwörungen.

DIE AMERIKANISCHE FAMILIENVEREINIGUNG ASSOCIATION

Nach Ansicht der American Family Association,
ist das Fernsehen eine "Müllhalde" und ein weites Ödland.

Rev. Donald Wildmon gründete 1977 die National Federation for Decency, die 1988 in American Family Association (AFA) umbenannt wurde. Wildmon, ein ehemaliger methodistischer Geistlicher, hat sich einen Namen als mächtige Kraft für das Verbot kitschiger und unangenehmer Fernsehwerbung gemacht. Während der Reagan-Regierung wurde Wildmon von Generalstaatsanwalt Edwin Meese in dessen Kommission für Pornografie berufen und konnte siebzehntausend Supermärkte davon überzeugen, Publikationen wie Playboy und Penthouse aus ihren Regalen zu entfernen. Tim Wildmon, der Sohn von Donald Wildmon, übernahm 2005 den Vorsitz der AFA und kontrolliert ein Radionetz mit 200 Stationen und eine Monatszeitschrift, die an rund 200 000 Abonnenten verschickt wird, sowie etwa hundert Mitarbeiter.

Die Position der American Family Association

- Die aufkeimende LGBT-Medienpräsenz verwandelt die Vereinigten Staaten in eine schiefe Gesellschaft.

- Prominente LGBT-Führer haben sich offen für die Legalisierung von Pädophilie, Inzest, Sadomasochismus und

Bestialität ausgesprochen.

- Homosexualität muss mit dem gleichen Eifer verurteilt werden wie Mord, Diebstahl und Ehebruch.

- Homosexuelle waren die Hauptverantwortlichen für den Nationalsozialismus und die Gräuel der Nazis. Satanismus und Homosexualität werden von Procter & Gamble ausgiebig gefördert.

Aktivitäten: Über ihre Radiosender, Broschüren und Monatszeitschrift hat die AFA Hunderttausende von Menschen davon überzeugt, nationale Vermarkter zu boykottieren, die für Artikel oder Begriffe werben, die sie für verwerflich hält.

DAS LUFTSCHIFF VON 1897

Mitglieder einer geheimen Gruppe, die mit Außerirdischen in Verbindung stand, segelten 1897 mit einem gigantischen Luftschiff über den Atlantik, das in der Regel an ein kegelförmiges Flussschiff erinnerte - Jahre bevor irgendeine bekannte irdische Organisation den Flug über die Luft geschafft hatte.

Die Vereinigten Staaten und anschließend der Rest des Globus.

1897 befand sich die Welt an der Schwelle zum zwanzigsten Jahrhundert. Karl Benz und Henry Ford stellten 1893 ihre ersten vierrädrigen Fahrzeuge her. 1895 stellten Auguste und Louis Lumière den Kinematographen her, Guglielmo Marconi begründete die Funktelegrafie und Konstantin Ziolkowski entwickelte die Theorie des Raketenantriebs.

1897 wurde in London der Royal Automobile Club gegründet, und die Automobile auf den Straßen wurden von Jahr zu Jahr schneller. Es gab jedoch noch keine Fahrzeuge, die schwerer als Luft waren, und mehrere kluge Experten erklärten, dass es aerodynamisch unmöglich sei, solche Flugzeuge zu bauen.

Dennoch sahen am 7. April 1897 Bewohner von Wesley, Iowa, ein kegelförmiges Luftschiff mit hell erleuchteten Fenstern in der Seite. Leider konnten die Zeugen nicht feststellen, wie es angetrieben wurde oder was es in der Luft hielt.

Das Luftschiff landete am 15. April zwei Meilen nördlich von Springfield, Illinois. Die Insassen des Schiffes gaben an, dass sie gelandet waren, um ihre elektrische Ausrüstung und ihre Suchscheinwerfer zu reparieren.

Das Luftschiff kehrte am 17. April nach Iowa zurück und landete in der Nähe von Waterloo. Einer der Insassen schwang eine Waffe, um die Neugierigen in einem sicheren Abstand von der Maschine zu halten. Journalisten berichteten, dass das Luftschiff etwa vierzig Fuß lang und wie eine gigantische Zigarre gebaut war, mit flügelartigen Verlängerungen an den Seiten und einem Steuersystem am Heck. Eine Kuppel auf dem Dach der Maschine rundete das Ganze ab.

Das Luftschiff überflog Arkansas und Texas am 21. und 22. April. Es weckte einen ehemaligen Senator in Harrisburg, Arkansas, gegen Mitternacht auf. Mitglieder der fliegenden Crew erzählten ihm, dass der Konstrukteur des Luftschiffs ein großes Genie aus St. Louis war, das den Schlüssel zur Aufhebung der Schwerkraft gefunden hatte. Die Entwicklung des Luftschiffs hatte neunzehn Jahre gedauert, aber da es noch nicht fertig war, entschied sich die Besatzung für eine Fahrt bei Nacht. Sie planten, das Luftschiff nach einer erfolgreichen Mission zum Mars der Öffentlichkeit zu präsentieren.

Ein bekannter texanischer Landwirt wurde am 24. April um Mitternacht von einem seltsamen Surren und hellen Lichtern geweckt, die er für Engel in einem himmlischen Fahrzeug hielt. Die Besucher erklärten ihm jedoch, dass sie nicht vom Himmel kämen.

Aber aus einem kleinen Dorf in Iowa, wo fünf dieser Luftschiffe gebaut worden waren. Das Schiff bestand aus einer neu entdeckten Substanz, die sich in der Luft halten konnte. Die treibende Kraft war hochkonzentrierte Elektrizität.

In den folgenden Wochen gingen aus dem ganzen Land Lande- und Kontaktberichte ein. In den Sommermonaten des Jahres 1897 wurden aus der ganzen Welt Sichtungen gemeldet. Über Schweden und Norwegen wurden im Juli und August seltsame Flugobjekte gemeldet. Am selben Tag wurde vor der norwegischen Küste und über Vancouver, British Columbia, ein und dasselbe Flugobjekt gesichtet.

Graf von Zeppelin stellte 1898 ein Luftschiff vor, aber die frühen Versionen hatten eine so geringe Reichweite, dass erfolgreiche Reisen von Deutschland nach England unmöglich waren. Orville und Wilbur Wright gelang 1903 der erste Flug mit einem Luftfahrzeug, das schwerer als Luft war, und zwar mit einem Flugzeug, das zwölf Sekunden lang in der Luft blieb und eine Strecke von 120 Fuß zurücklegte. Allerdings hatte keine irdische Organisation ein Luftfahrzeug gebaut, das in der Lage war, die Welt mit der Geschwindigkeit und Leichtigkeit des Luftschiffs zu durchqueren, das die unbekannten Erfinder aus Iowa oder St. Louis 1897 flogen. Daher gehen viele Wissenschaftler davon aus, dass die Erbauer des Luftschiffs von 1897 Mitglieder einer geheimen Organisation waren, vielleicht einer Organisation, die seit Tausenden von Jahren in Kontakt mit außerirdischen Intelligenzen - oder deren Aufzeichnungen und Artefakten - stand.

Zahlreiche europäische okkulte Organisationen haben sich um das Konzept gebildet, dass eine Geheimgesellschaft vor Jahrhunderten ein hohes Maß an wissenschaftlichem Wissen erworben und diese gefährlichen Informationen seither sorgfältig vor dem Rest der Menschheit verborgen hat. Ein wiederkehrendes Motiv ist, dass ausgewählte brillante Personen im alten Ägypten und Persien Zugang zu den hochentwickelten Technologiearchiven der Welt erhielten. Vor vielen hundert Jahren lernten diese alten Meister, viele der Errungenschaften der Titanen von Atlantis zu reproduzieren - und erregten damit die Aufmerksamkeit von Außerirdischen, die die Erde nach Beweisen für hohen Intellekt beobachtet hatten.

Die Entscheidung, eine Gesellschaft innerhalb einer Gesellschaft zu gründen, mag das hoch entwickelte moralische Empfinden der Mitglieder und ihr Bewusstsein für die enorme Verantwortung widerspiegeln, die der Besitz dieses alten Wissens mit sich bringt. Vielleicht haben sie sich dafür entschieden, still zu bleiben, bis der Rest der Welt gebildet genug ist, um mit einer derartigen technologischen Errungenschaft auf intelligente Weise umzugehen. Von Zeit zu Zeit mag die Geheimorganisation jedoch beschließen, dass der Moment gekommen ist, eine ihrer Erkenntnisse öffentlich zu machen. Eine solche Einmischung in die Belange der überwiegenden Mehrheit der Menschheit erfolgt häufig dadurch, dass bestimmte Erkenntnisse sorgfältig an "außenstehende" Experten weitergegeben werden, deren Arbeit und Einstellung als besonders wertvoll erachtet werden.

Die Mitglieder des Geheimbundes hingegen fühlen sich vielleicht nur wenig oder gar nicht den Menschen außerhalb der Organisation verpflichtet. Vielleicht warten sie nur ab, bis sie die Mehrheit der Menschheit versklaven können. Seit Hunderten von Jahren machen sich einige Wissenschaftler Gedanken über globale Verschwörungen, die von Geheimorganisationen durchgeführt werden, die auf den richtigen Zeitpunkt warten, um die Weltherrschaft zu erlangen.

Zwölf Jahre lang war das geheimnisvolle Luftschiff vom Himmel verschwunden. Dann meldete ein Polizist in Peterborough, England, dass er über dem 24. März 1909 ein Geräusch hörte, das an ein Auto erinnerte. Als er nach oben blickte, sah er ein Luftschiff, das ein helles Licht ausstrahlte und sich mit der Geschwindigkeit eines Schnellzuges bewegte. Im Juli wurde das seltsame Fluggerät über Neuseeland gesichtet, wo es sich sechs Wochen lang aufhielt, bevor es in die Vereinigten Staaten zurückkehrte. Im August wurde ein

Überflug in der Region Neuengland registriert. Doch das Luftschiff blieb verschwunden, bis die Bewohner von Long Island in der Nacht des 12. Dezember ein brummendes Geräusch am Sternenhimmel über ihnen hörten, das dem Rattern und Brummen eines Hochgeschwindigkeitsmotors ähnelte.

Am 20. Januar 1910 wurde in Memphis, Tennessee, die letzte Sichtung eines Luftschiffs aufgezeichnet. Mehrere Zeugen berichteten, ein Objekt gesehen zu haben, das extrem hoch in der Luft mit hoher Geschwindigkeit flog. Es überquerte den Mississippi in Arkansas, bog dann leicht nach Süden ab und verschwand.

Vielleicht hielt es der Geheimbund nicht mehr für nötig, "Außenseiter" für die Wissenschaft der Luftfahrt zu begeistern, denn 1910 gab es bereits einen internationalen Flugwettbewerb in Reims, Frankreich, einen Flug vom Deck eines Hochseekreuzers, einen Start mit einem Wasserflugzeug und die erste Pilotin hatte ihre Lizenz erhalten.

YOCKEY FRANCIS PARKER

Ein bizarrer Typ, der direkt aus der Twilight Zone stammt, widmete sein Leben der Aufgabe, das Ergebnis des Zweiten Weltkriegs umzukehren und das Dritte Reich zum Sieger zu erklären.

Hätte Francis Parker Yockey sich nicht verschrieben, als das FBI ihn 1960 schließlich festnahm, wäre er begeistert darüber, wie gewalttätig und chaotisch die globalen Ereignisse nach dem 11. September verlaufen sind. Er hätte sich über den Fall des World Trade Centers gefreut und über die Tatsache, dass islamische Radikale die Schuldigen an der terroristischen Tat waren. Stattdessen hatte Yockey sein Leben der Veränderung der Ergebnisse des Zweiten Weltkriegs gewidmet, ein Ziel, von dem er glaubte, es bis 2050 erreichen zu können. Er unterstützte verdeckt den organisierten muslimischen Widerstand gegen den Westen, in der Hoffnung, dass Terroristen, die sich nicht ergeben konnten, mit Angriffen auf amerikanische Städte beginnen würden. Er stellte sich ein Szenario vor, in dem die weltweite Hegemonie Amerikas durch einen europäischen Superstaat nach dem Vorbild von Hitlers Drittem Reich abgelöst und von Eliten beherrscht würde.

Die esoterischen hermetischen Wissenschaften hatten das Christentum verdrängt.

Über diese rätselhafte Figur, die in den dunkelsten Gefilden der Finsternis lebte, ist nur wenig bekannt. Genauso wie Fans von seltsamen Geschichten das Geheimnis von H. P. Lovecrafts Necronomicon mögen, mögen Anhänger des Faschismus und Satanismus Yockeys Untergrundwerk Imperium. Natürlich erkennen

44

die Fans von Lovecrafts Werk an, dass die Welt, die er mit den Ancient Ones erschaffen hat, ein Werk der Fiktion war; die Fans von Yockeys Werk engagieren sich für die Verwirklichung seiner Vision der europäischen Einigung unter der Naziherrschaft. Yockey betrachtet die Niederlage der Nazis im Zweiten Weltkrieg als einen vorübergehenden Rückschlag auf dem Weg zu seinem Endziel, der Isolierung Amerikas von europäischen Angelegenheiten und einer faschistischen Revolution in Amerika. Imperium entstand unter dem Pseudonym Ulick Varange" (Ulick", angeblich ein dänisch-irischer Name; Garage", eine Anspielung auf die Nordmänner) und wurde 1948 von Yockey im Selbstverlag in einer limitierten Auflage von 200 Exemplaren veröffentlicht. Nachdrucke des Textes sind immer noch bei neonazistischen und rechtsextremen Organisationen im Umlauf, die Yockeys Ideen und Theorien denselben Respekt entgegenbringen wie früher gleichgesinnte Leser Hitlers Mein Kampf.

Erst einige Jahre nach Yockeys Tod brachte der rechtsradikale Verlag Willis Carto eine Taschenbuchversion von Imperium heraus, und das Buch begann, bei neonazistischen und neofaschistischen Organisationen Anklang zu finden. Yockeys Werk war von dem italienischen hermetischen Philosophen Julius Evola gelobt worden, und Imperium stand im Einklang mit der in der Schweiz ansässigen Neuen Europäischen Ordnung und ihrem Glauben an die Mythologien von den arischen Ursprüngen im hyperboreischen Norden und Atlantis.

Yockey wurde 1917 in Chicago als Sohn einer deutsch-irisch-französisch-kanadischstämmigen Familie aus der Berufsklasse geboren. Er wurde römisch-katholisch erzogen, aber als er sich in den 1930er Jahren mit rechtsradikalen Gruppen beschäftigte, wurde er vom theosophischen Nietzscheanismus angezogen. Yockey fühlte sich zum Deutsch-Amerikanischen Bund hingezogen. Aber er fühlte sich auch zu den Stalinisten, Trotzkisten und den halbfaschistischen Anhängern von Pater Coughlin hingezogen - zu jeder antikapitalistischen Organisation, die die von den Juden ausgehende Weltgefahr erkannte.

Einige Wissenschaftler glauben, dass Yockey Mitglied eines deutsch-amerikanischen Spionagenetzes war und Nazi-Saboteuren half, die Vereinigten Staaten zu infiltrieren. Während des Zweiten Weltkriegs wurde er in die US-Armee eingezogen. Dann floh er vorübergehend, kehrte aber in den Dienst zurück, nachdem er der Armee gegenüber nachgewiesen hatte, dass er einen Nervenzusammenbruch erlitten hatte. Er wurde medizinisch entlassen, ohne dass der Verdacht bestand, dass er während seiner Abwesenheit Nazi-Spione und -Saboteure unterstützt hatte.

Yockey hatte vor dem Krieg eine erfolgreiche akademische Laufbahn an verschiedenen Colleges, ein Jurastudium in Notre Dame und eine Praxis. Als Undergraduate studierte er an der School of Foreign Service der Georgetown University. Mit diesen Qualifikationen konnte er nach dem Krieg eine Stelle beim deutschen Kriegsverbrechertribunal bekommen. Leider wurde er eingestellt, weil sein Vorgesetzter Yockey später nach Deutschland zurückkehrte, nachdem er eine Stelle beim Amerikanischen Roten Kreuz bekommen hatte. Er floh schnell von seinem Posten und wurde in die Vereinigten Staaten abgeschoben. Yockey hatte seine Ämter genutzt, um die US-Regierung dazu zu bringen, seine Besuche in Deutschland zu finanzieren, um sich mit dem expandierenden paneuropäischen faschistischen Netzwerk zu beschäftigen.

Verschwörungstheoretikern zufolge verbrachte Yockey die 1950er Jahre damit, eine schwindelerregende Auswahl an Identitäten anzuhäufen, während er buchstäblich rund um den Globus reiste und alles tat, was er konnte, um die faschistische Sache zu fördern. Mit Sicherheit war er Mitglied von Odessa, einem weltweiten Netzwerk von Nachkriegs-Nazis und Faschisten. Manche glauben, dass Yockey eine längere Zeit hinter dem Eisernen Vorhang verbrachte, bevor er für kurze Zeit in die Vereinigten Staaten zurückkehrte, um als Werbetexter für Senator Joseph McCarthy zu arbeiten. Darüber hinaus ist bekannt, dass Yockey einige Zeit in New Orleans verbracht hat, um Propaganda für den Einsatz in Lateinamerika vorzubereiten, und viele Verschwörungstheoretiker glauben, dass er Lee Harvey Oswald zu dieser Zeit kannte.

Yockey wurde 1960 vom FBI in Oakland, Kalifornien, angesprochen, nachdem seine verschiedenen Identitäten und Pässe auffällig geworden waren. Yockey versuchte zu fliehen, bevor die Bundesbeamten ihn befragen konnten, und verletzte dabei einen Agenten. Yockey starb am 17. Juni 1960 an einer selbst verabreichten Kaliumcyanid-Dosis.

OSAMA BIN LADEN

Das "Frankenstein-Monster" der CIA hat seine Lektionen in Sachen Terrorismus so dass er der meistgesuchte Mann auf dem Planeten wurde.

Osama bin Laden war der meistgesuchte Mann der Welt. Im Rahmen des Programms "Rewards for Justice" des US-Außenministeriums wurde eine Belohnung von bis zu 10.000 $ ausgesetzt.

Die Airline Pilots Association und die Air Transport Association waren bereit, zusätzlich 2 Millionen Dollar für den Austausch von Informationen bereitzustellen, die zur Festnahme führten. 1988 gründete bin Laden die Terrororganisation al-Qaida ("die Basis"), die die Bombenanschläge auf die Botschaften der Vereinigten Staaten in Nairobi (Kenia) und Daressalam (Tansania), bei denen 224 Menschen getötet wurden (7. August 1998), den Angriff auf die USS Cole im Jemen (12. Oktober 2000) und die koordinierten Flugzeugentführungen und Anschläge auf das World Trade Center und das Pentagon (11. September 2001) finanzierte. 1998 gründete bin Laden die Islamische Weltfront für den Heiligen Krieg gegen Juden und Kreuzfahrer und gab eine Proklamation heraus, in der er die Tötung von Amerikanern, Zivilisten und Militärs gleichermaßen, als "individuelle Pflicht eines jeden Muslims" erklärte, um "die al-Aqsa-Moschee und die Heilige Moschee zu befreien und ihre Armeen aus allen Ländern des Islam abzuziehen, damit sie besiegt werden und keinen Muslim mehr bedrohen können".

Osama bin Laden wurde 1957 in Saudi-Arabien als Sohn einer

reichen saudischen Familie geboren. Als sein Vater starb, erbte er 300 Millionen Dollar und erwarb ein großes persönliches Vermögen als gut vernetzter Geschäftsmann im Baugewerbe und im Einzelhandel im Nahen Osten. Er war mindestens 1,80 m groß und trug die klerikalen Gewänder eines geistlichen Führers über seiner äußerst schlanken Gestalt.

Verschwörungstheoretiker sehen in Osama bin Ladens tödlicher Karriere eine große Ironie. Ihrer Meinung nach war er das "Frankenstein-Monster", das von der Central Intelligence Agency geschaffen wurde. Die CIA rekrutierte bin Laden 1979, um im Rahmen der größten verdeckten Operation in der Geschichte der CIA Widerstand gegen die sowjetische Invasion in Afghanistan zu leisten. Die CIA nutzte den pakistanischen Geheimdienst ISI (Inter-Services Intelligence) als Vermittler, da keine der Bemühungen der CIA nach Washington zurückverfolgt werden konnten, um diese verdeckte Operation zum Erfolg zu führen. Die afghanischen Unabhängigkeitskämpfer genossen zwar beträchtliche Sympathie, doch das Hauptziel bestand darin, die bewaffneten Kapazitäten der Sowjetunion zu zerstören.

Bin Laden begann, die Mudschaheddin, die gegen die Invasoren kämpften, mit Geld zu versorgen, und knüpfte Verbindungen zum Ägyptischen Dschihad und anderen islamischen Extremistenorganisationen. Die CIA drängte die aufständischen afghanischen Muslime dazu, den Dschihad gegen die Sowjets auszurufen, und 35 000 muslimische Fanatiker aus vierzig islamischen Nationen wurden rekrutiert, um gegen die Invasoren im Mutterland ihrer Brüder zu kämpfen. Die CIA und der ISI richteten Guerilla-Ausbildungslager ein, in denen militärische Methoden mit islamischen Lehren kombiniert wurden. Bin Laden war in den frühen 1980er Jahren aktiv an der Ausbildung von Freiheitskämpfern für den Kampf gegen die Sowjets beteiligt. Er rekrutierte Tausende aus Saudi-Arabien, Algerien, Ägypten, Jemen, Pakistan und dem Sudan, um den Kampf gegen die Feinde des Islam fortzusetzen.

Die CIA und der ISI wurden für ihre verdeckten Bemühungen belohnt, indem sie mehr als 100.000 islamische Extremisten in Übersee davon überzeugten, sich dem Widerstand gegen die sowjetische Invasion anzuschließen. Darüber hinaus genehmigte Präsident Ronald Reagan im März 1985 eine National Security Decision Directive, mit der die verdeckte Militärhilfe für die muslimischen Rebellen verstärkt wurde.

Die Reaktionen der muslimischen Radikalen könnten ein Maß für die Wirksamkeit der verdeckten Operation nach dem Rückzug der Sowjets sein; viele sagten später, sie hätten nicht gewusst, dass sie im Namen der USA einen Krieg führten. Trotz der Kontakte auf den höchsten Ebenen des Nachrichtendienstes hatten die islamischen Rebellen vor Ort keine Ahnung, dass die Amerikaner sie belieferten.

Mit fortschrittlichen Waffen und einer Ausbildung, die sie zu effektiveren Kämpfern machen sollte, erklärte selbst der schnelle bin Laden, dass er keinen Beweis für eine amerikanische Unterstützung im Kampf gegen die Sowjets sah.

Obwohl die Sowjetunion 1989 ihre Soldaten abzog, ging der Bürgerkrieg in Afghanistan unvermindert weiter. Die Taliban (das Wort lässt sich einfach und humorvoll mit "Studenten" übersetzen) waren schließlich in der Lage, mit Hilfe verschiedener Kräfte innerhalb Pakistans eine streng islamische Regierung in Afghanistan durchzusetzen. Der islamische Staat der Taliban kam den geopolitischen Zielen Amerikas zu jener Zeit zugute. Da der afghanische Opiumhandel die bosnisch-muslimische Armee und die Kosovo-Befreiungsarmee finanzierte und bewaffnete, stellte sich Washington gegenüber den Hilferufen der Taliban-Terrorherrschaft auf taube Ohren.

Bin Laden gründete Al-Qaida 1988, um Araber zu vereinen, die gegen die sowjetische Invasion in Afghanistan kämpften. Es dauerte jedoch nicht lange, bis er zu der Überzeugung gelangte, dass al-Qaida die Stimme der fast eine Milliarde Muslime in der Welt sein sollte, die der Meinung sind, dass ihre Anliegen vom Westen ungehört bleiben.

Nachdem 1996 bei einem Bombenanschlag auf einen Lastwagen in der Nähe von Dhahran, Saudi-Arabien, neunzehn US-Luftfahrer getötet und 515 Menschen, darunter 240 Amerikaner, verletzt wurden, bekräftigte bin Laden seinen Aufruf zum Dschihad gegen die Amerikaner: "Wir haben unsere Dschihad-Erklärung auf die US-Soldaten in Arabien konzentriert", sagte er in einem Interview mit CNN, warnte aber, dass wegen des Bombenanschlags weitere Anschläge bevorstünden.

- Laut bin Laden und mehreren islamisch-extremistischen Organisationen haben die Araber eine Reihe von Beschwerden über den Westen, insbesondere über die Vereinigten Staaten:

- Die Auswirkungen der westlichen Dekadenz stellen eine Herausforderung für die arabischen Fundamentalkulturen im Nahen Osten und anderen weitgehend islamischen Regionen der Welt dar.

- Die Amerikaner haben die arabische Politik fast siebzig Jahre lang kontrolliert und die Forderungen nach Entschädigung für die zionistischen Verbrechen in Israel und den "Raub" arabischer Gebiete in Palästina ignoriert.

- Aufgrund der Arroganz einiger der Menschen, die dieses Land erobert hatten, fühlten sich die Araber in ihrem früheren Land unerwünscht.

- Historisch gesehen hat der Westen das arabische Öl ausgebeutet, bis die Araber ihr Ölkartell gründeten.

- Vorurteile gegenüber Arabern auf der ganzen Welt aufgrund ihrer Religion und kulturellen Ansichten.

- Arabische Extremisten wollen die ganze Welt zwingen, den Islam anzunehmen und eine universelle islamische Theokratie zu errichten.

Wegen seines Widerstands gegen die saudische Monarchie wurde Bin Laden 1994 die Staatsbürgerschaft entzogen und aus Saudi-Arabien verbannt. Er verlagerte seine Aktivitäten nach Khartum, Sudan, wo er mehrere erfolgreiche Unternehmen betrieb, aber auch aus diesem Land wurde er auf Druck der USA ausgewiesen. 1996 zog er in Afghanistan in ein Gebirgslager und errichtete mehrere Ausbildungsstätten. Damals forderte er die Amerikaner in einem Interview mit Peter Arnett von CNN auf, wenn sie die Explosionen in ihrem Land stoppen wollten, sollten sie aufhören, die Leidenschaften von Millionen von Muslimen zu schüren. Bin Laden warnte, dass die "Hunderttausende, die im Irak, in Palästina und im Libanon getötet oder vertrieben wurden", "Brüder und Verwandte" hätten, die Ramzi Yousef (verurteilt für den Anschlag auf das World

Trade Center 1993) zu einem "Symbol und einem Lehrer" machen würden.

Nach Ansicht einiger Wissenschaftler, die sich mit bin Ladens Aufstieg zum bekanntesten Terroristen der Welt befassen, könnte ihn der US-Raketenangriff vom 19. August 1998 im Sudan auf ein Ziel, das sich als unschuldige Aspirin-, Milchpulver- und Babynahrungsfabrik entpuppte, so wütend gemacht haben, dass er seinen Drohungen Taten folgen ließ. Bei dem Bombenanschlag wurden 167 Muslime, die in einer benachbarten Moschee beteten, ermordet, darunter mindestens ein Verwandter bin Ladens. Bin Laden weitete daraufhin sein Terrornetzwerk aus und veröffentlichte eine Fatwa (eine religiöse Meinung oder ein Urteil eines zuständigen Gelehrten oder einer religiösen Autorität), in der er zum Dschihad gegen die Vereinigten Staaten aufrief. Schnell sammelte er 100.000 weitere Freiwillige.

Bin Laden wurde wegen seiner Rolle bei den Bombenanschlägen auf die US-Botschaft 1998 in die Liste der zehn meistgesuchten Flüchtigen und der zehn meistgesuchten Terroristen des amerikanischen Federal Bureau of Investigation aufgenommen. Nach dem Anschlag auf das World Trade Center im Jahr 2001 setzte das FBI eine Belohnung von 25 Millionen Dollar auf bin Ladens Kopf aus. Darüber hinaus führten Verschwörungstheoretiker die Tatsache, dass 24 amerikanische Mitglieder der bin Laden-Familie sowie über hundert weitere hochrangige Saudis ohne Befragung aus den Vereinigten Staaten ausgeflogen wurden, als Beweis dafür an, dass die geheime Regierung die bin Laden-Familie im Auge behielt.

Am 23. September 2001 sagte Osama bin Laden als Reaktion auf die Militäroperationen gegen Al-Qaida in Pakistan: "Wir beten, dass diese Brüder zu den ersten Opfern im Krieg des Islams gegen den neuen christlich-jüdischen Kreuzzug gehören, der von dem großen Kreuzfahrer Bush unter dem Banner des Kreuzes angeführt wird".

Osama bin Laden konnte dem US-Militär unter drei Präsidentschaftsregierungen entkommen. Am 2. Mai 2011 wurde der fliehende Al-Qaida-Kommandeur jedoch in einem privaten Wohnkomplex in Abbottabad, Pakistan, von US Navy SEALS und CIA-Agenten in einem von Präsident Barack Obama genehmigten verdeckten Anschlag erschossen und getötet. Bin Ladens Leichnam wurde innerhalb weniger Stunden für die Bestattung nach muslimischen religiösen Standards vorbereitet und auf See beigesetzt. Am 6. Mai 2011 akzeptierte Al-Qaida den Tod ihres Anführers und spirituellen Mentors und versprach, Amerikaner anzugreifen, wo auch immer auf der Welt sie sich befinden mögen.

Bin Laden hatte noch nicht die letzte Ölung erhalten, und seine sterblichen Überreste waren gerade erst einige Tage im Meer beigesetzt worden, als Verschwörungstheoretiker begannen, ihre Behauptungen in Umlauf zu bringen. Sie vermuteten, dass die Tötung des Meisterterroristen nicht wie geplant verlaufen war, wie es im offiziellen US-Bericht heißt.

Einige meinten, Osama sei noch am Leben und vor dem Angriff auf sein Haus geflohen. Andere wiederholten eine verbreitete Vorstellung, die schon lange vor der Ermordung des Terroristenführers durch die SEALs kursierte, nämlich dass bin Laden viele Jahre zuvor aus gesundheitlichen Gründen gestorben sei. Hochrangige Al-Qaida-Vertreter haben die Erzählungen über bin Ladens Sichtungen als Propagandataktik am Leben erhalten. Sogar angebliche CIA-Agenten verbreiteten die Idee, bin Laden sei im Juli 2001 in Dubai am Marfan-Syndrom gestorben.

Die Tatsache, dass den Medien keine Bilder von bin Ladens Leiche zur Verbreitung in der Öffentlichkeit zur Verfügung gestellt wurden, war ein großer Mangel in der offiziellen Berichterstattung über seine Ermordung. Die Tatsache, dass bin Laden auf See begraben wurde, verstärkte den Verdacht auf seinen Tod. Skeptiker auf der ganzen Welt verlangten, bin Ladens Leiche zu sehen, um die endgültige Bestätigung zu erhalten, dass er tatsächlich tot war.

Verschwörungstheoretiker wiesen auch auf die erheblichen Unterschiede in den Berichten über die Konfrontation mit den SEALS in bin Ladens Haus hin. Ersten Berichten zufolge lieferten sich die SEALS ein vierzigminütiges Feuergefecht mit bin Ladens Leibwächtern, bevor sie das Anwesen einnahmen und den Hauptterroristen töteten, als dieser versuchte, seine Frau als menschliches Schutzschild zu benutzen. Späteren Berichten zufolge verteidigte jedoch nur ein einziger Mann bin Laden, als die SEALS in einen mit Müll übersäten Komplex eindrangen und nicht in ein millionenschweres Haus.

Skeptiker stellten auch die Interviews in Frage, die nach der Operation mit Bewohnern des bin Laden-Geländes in Abbottabad geführt wurden. Die überwiegende Mehrheit der Befragten gab an, bin Laden in den Jahren, in denen er sich dort aufgehalten haben soll, nie gesehen zu haben, und ihnen war kein Beweis dafür bekannt, dass er jemals unter ihnen gelebt hatte. Besonders verwunderlich war, dass bin Laden so lange unbemerkt in der Gegend bleiben konnte, da Abbottabad als Aufmarschgebiet für das pakistanische Militär dient, ähnlich wie West Point in Pakistan. Darüber hinaus wurde behauptet, dass das Weiße Haus fast jeden hätte auswählen können, um als bin Laden-Attrappe zu fungieren, die von den SEALS getötet und im Meer vergraben werden sollte.

Viele Jahre lang haben Verschwörungstheoretiker behauptet, dass Osama bin Laden für Teile der verborgenen Regierung von enormem Nutzen sei. Nach Ansicht von

Verschwörungstheoretikern wird die Öffentlichkeit, wenn sie genug vom Kampf gegen Terroristen hat, auf die Neue Weltordnung zurückgreifen, um sich von den Unruhen zu befreien. In der Zwischenzeit werden die Rüstungskonzerne immer reicher und das Militär wird immer dominanter.

CATHARS

Die Katharer waren eine versteckte Gruppe von Satanisten, die beabsichtigten die mittelalterliche Kirche Frankreichs zu zerstören.

Die Katharer, die auch als Albigenser bekannt sind, hatten ihren Hauptsitz in Albi, einer Stadt in der französischen Region Languedoc, wo ein offizielles Konzil der römisch-katholischen Kirche die Sekte 1208 als Ketzer verurteilte. Die meisten Siedlungen der Albigenser wurden geplündert und anschließend zerstört, zusammen mit ihren Dokumenten und Bibliotheken und den Beweisen für die Überzeugungen der Katharer, die durch schreckliche Folter gewonnen wurden. Moderne Studien zeigen, dass die Katharer keineswegs die bösen Kreaturen waren, die Papst Innozenz III. (ca. 1161-1216) zum Tode verurteilte, sondern hingebungsvolle, keusche und tolerante christliche Humanisten, die die weltlichen Exzesse der mittelalterlichen Kirche verachteten. Ähnliche Glaubensvorstellungen finden sich in den gnostischen Evangelien, den in Qumran ausgegrabenen essenischen Lehren und den ägyptischen Mysterienschulen. Die Katharer bezeichneten sich selbst als die Wahre Kirche Gottes, obwohl sie keine festgelegte theologische Doktrin vertraten. Die meisten der seltenen Manuskripte, die dem Feuer der Inquisition entgingen, waren in provenzalischer Sprache verfasst, der alten Sprache Südfrankreichs.

Der Rest ist in Latein, mit Ausnahme von Frankreich.

Das kulturelle Leben der Albigenser übertraf das jeder anderen Stadt in Europa zu jener Zeit bei weitem. Objektive Historiker sind den Albigensern in Bezug auf Sitten, Moral und Bildung überlegen.

Die Albigenser verdienten nach Ansicht des Staates mehr Respekt als die orthodoxen Bischöfe und Geistlichen. Der Hof von Toulouse galt weithin als Zentrum einer höheren Zivilisation als im übrigen Europa zu dieser Zeit.

Die Katharer lehrten nach Ansicht von Papst Innozenz III. und vieler Mitglieder der kirchlichen Hierarchie die Grundlagen der Hexerei. Obwohl sie ihren Glauben auf Christus konzentrierten, sahen sie ihn als reinen Geist, der im Auftrag des Gottes des Guten vom Himmel gefallen war, um die Menschen aus dem Reich der Materie zu befreien. Die Katharer glaubten, dass Christus, da er ein reiner Geist war, nicht am Kreuz gestorben war und dass die Lehren der Kirche daher falsch waren. Die Katharer lehnten die katholischen Sakramente ab und vertraten die Ansicht, dass der Gott des Alten Testaments der König der Materie und der Herrscher dieser Welt sei - Titel, die von der katholischen Kirche für Satan vergeben werden. Nicht nur, dass Gott, der von der Kirche als Schöpfer verehrt wurde, als Teufel entlarvt wurde, sondern die Katharer lehrten ihre Anhänger auch, dass die meisten der im Alten Testament beschriebenen Patriarchen und Propheten Dämonen waren. Sie glaubten auch, dass Satan die materielle Welt nach seiner Verbannung aus dem Himmel schuf, als Gott der Vater ihm aus Mitleid mit seinem einst strahlenden Stern Luzifer sieben Tage gewährte, um zu sehen, was er hervorzaubern konnte. Die Körper von Adam und Eva wurden von gefallenen Engeln belebt und von Satan angewiesen, Nachkommen zu zeugen, die den Wegen der Schlange folgen würden.

Um die Gier des Teufels nach Fleisch zu bekämpfen, traten die Katharer für Keuschheit, Vegetarismus und Gewaltlosigkeit ein. Sie glaubten an eine allmähliche Reinkarnationstheorie, bei der sich

Tierseelen zu Menschen entwickelten. Sie sahen die Welt als ein dualistisches Reich, in dem Gut und Böse gleich stark waren, und betrachteten ihre Zeit auf der Erde als einen Kampf gegen die Macht Satans.

Innozenz III. erklärte die Katharer 1208 zu Ketzern und verurteilte die Bewohner der albigensischen Städte Béziers, Perpignan, Narbonne, Toulouse und Carcassonne als "Feinde der Kirche" zum Tode. Simon de Montfort (ca. 1160-1218), ein erfahrener Feldherr, erhielt den Auftrag, einen Kreuzzug gegen die christlichen Mitbürger, die vornehmen Männer und Frauen Südfrankreichs zu führen, die der Papst als eine größere Bedrohung für das Christentum ansah als die islamischen Krieger, die gegen die Kreuzfahrer kämpften. Obwohl er über zwanzig Jahre lang gegen die belagerten Albigenser kämpfte, gelang es de Montfort, 100.000 Männer, Frauen und Kinder zu ermorden, bevor er bei der zweiten Belagerung von Toulouse getötet wurde.

Montségur, die letzte Hochburg des albigensischen Widerstands, brach 1244 zusammen, und Hunderte von Katharern wurden auf dem Scheiterhaufen verbrannt. Die Inquisition hatte ihr Hauptquartier in der einst hochgebildeten Stadt Toulouse eingerichtet, und die wenigen Katharer, die während der brutalen Jahrzehnte des gegen sie geführten Kreuzzuges der Hinrichtung entgangen waren, waren nun der Gnade der Hexen- und Ketzerjäger ausgeliefert.

REGIERUNG DER ZIONISTISCHEN BESATZUNG

Antisemitische Organisationen glauben, dass zionistische Juden die US-Regierung beherrschen.

Zionistische Besatzungsregierung (ZOG) ist ein Ausdruck, der von antisemitischen Organisationen verwendet wird, die behaupten, dass Zionisten die US-Regierung beherrschen. Wenn das Wort von einer weißen supremacistischen Organisation verwendet wird, ist es in der Regel ein abschätziger Begriff für "Jude" und impliziert, dass die Regierung von Juden kontrolliert wird, die Teil einer weltweiten Verschwörung sind, wie sie in den Protokollen der Weisen von Zion offenbart wird. Genauer gesagt, bezieht sich der Ausdruck auf jeden Juden oder Nicht-Juden, der die Ziele Israels über die der Vereinigten Staaten stellt und versucht, die US-Regierung zu ermutigen, militärische oder diplomatische Mittel einzusetzen, um diese Ziele zu erreichen.

Wirtschaftsmacht im Namen Israels Rechtsextreme Organisationen, die gegen die ZOG sind, loben oft die "Befreiungsbewegungen" in Syrien, Libyen, Iran und Palästina. Jassir Arafat wurde als eine besonders herausragende Persönlichkeit angesehen.

Einigen Antisemitismusforschern zufolge wurde der Begriff "Zionistische Besatzungsregierung" höchstwahrscheinlich von Aryan Nations geprägt, die den ZOG-Bezug in ihren Schriften weit verbreitet haben und online dafür werben. Andere glauben, dass das Wort erstmals 1976 in einem Lied mit dem Titel "Welcome to ZOG-World" des Neonazis Eric Thomson verwendet wurde.

Darüber hinaus berichtete die New York Times am 27. Dezember 1984 über eine Reihe von Raubüberfällen in Kalifornien und im Bundesstaat Washington, die von weißen Rassisten verübt wurden, die ihre Beute zur Finanzierung eines Kampfes gegen die Regierung der Vereinigten Staaten verwendeten, die sie als "zionistische Besatzungsregierung" bezeichneten.

Die "Arische Unabhängigkeitserklärung", die 1996 auf der Website der Aryan Nations veröffentlicht wurde, erklärte, dass das Ziel der ZOG "die Errichtung einer absoluten Tyrannei" über die Vereinigten Staaten sei, wobei "die Vernichtung der Weißen Rasse und ihrer Kultur" eines "ihrer Hauptziele" sei. Seitdem wurde der Satz von einer Vielzahl antisemitischer und weißer nationalistischer Organisationen übernommen.

STIFTUNGS-CHALCEDON

Rousas John Rushdoony, der Begründer des christlichen Rekonstruktionismus, forderte konservative Christen auf, die Kontrolle über die amerikanischen und weltweiten Regierungen zu übernehmen.

Rousas John Rushdoony (1916-2001) war ein brillanter Wissenschaftler. Er las und kommentierte fünfundzwanzig Jahre lang jeden Tag, sechs Tage die Woche, ein Buch. Leider nahm ein solch gieriges Leseprogramm nicht jede wache Stunde seines Lebens in Anspruch. Rushdoony erwarb einen Master-Abschluss in Englisch an der University of California, Berkeley, bevor er in den presbyterianischen Dienst eintrat und eine Missionsarbeit unter den Chinesen in San Francisco und dem Stamm der Western Shoshone in Idaho leistete. Er veröffentlichte außerdem Werke über Politik, Bildung, Recht, Philosophie und konservatives Christentum. Rushdoony zog 1965 in die Region Los Angeles und gründete die Chalcedon Foundation, benannt nach dem Konzil von Chalcedon im Jahr 451, auf dem die Abschaffung der staatlichen Ordnung des Römischen Reiches beschlossen wurde.

Der Staat muss der Diener Gottes sein.

Rushdoonys Hauptwerk, The Institutes of Biblical Law (Die Institute des biblischen Rechts), wurde 1973 veröffentlicht, ein achthundertseitiger Weckruf an die Protestanten, damit sie anfangen, biblische Rechtsvorstellungen auf die reale Welt um sie herum anzuwenden. Rushdoony wurde als "Vater des christlichen Rekonstruktivismus" bezeichnet, nachdem er einen großen Appell an fundamentale Christen gerichtet hatte, die Kontrolle über die amerikanischen und weltweiten Regierungen zu übernehmen. 1981 war er Mitglied der Coalition for Revival, einer Gruppe, die sich der "Rückgewinnung" Amerikas widmete, sowie von Beverly und Tim LaHaye, Rev. Donald Wildmon und Dr. D. James Kennedy.

Die Überzeugungen der Chalcedon-Stiftung

- Damit der freie Markt und freiwillige soziale Aktivitäten gedeihen können, müssen die Zehn Gebote die organisierende Grundlage der zivilen Regierung sein. Christen müssen die Kontrolle über die Regierung der Vereinigten Staaten übernehmen und strenge biblische Regeln einführen.

- Für praktizierende Homosexuelle sollte die Todesstrafe verhängt werden.

- Es sollte keine Ehen zwischen Rassen oder Zwangsintegration geben.

- Die Bibel erkennt an, dass manche Menschen als Sklaven geboren werden. Trotz der heutigen Versuche, den Weißen Schuldgefühle einzureden, war die Sklaverei in den Vereinigten Staaten vor dem Bürgerkrieg freundlich.

- Der Holocaust hat nicht dadurch stattgefunden, dass Juden, die "falsches Zeugnis ablegen", die angeblichen Vernichtungslager darstellen.

DAS LAMM DER GOTTESKIRCHE

Mörderische Mormonengruppen haben einen brutalen, verdeckten Religionskrieg geführt, in dem sie Verwüstung und Rache an Menschen verübten, die in den Augen Gottes als sündig galten.

Laut dem mormonischen Historiker Tom Green sind mehr als zwanzig Todesfälle in polygamen Sekten durch religiöse Ansichten motiviert.

Die von der Polizei und der Öffentlichkeit wahrgenommenen Morde stellen möglicherweise nur einen Teil der Gesamtzahl der Todesopfer dar. Seit 1981 sind mindestens ein Dutzend weiterer Sektenmitglieder spurlos verschwunden.

Das Netzwerk der Morde dreht sich um den inzwischen verstorbenen Ervil LeBaron, einen ausgewiesenen Polygamisten, der behauptete, Gottes Prophet auf Erden zu sein, und sich den Beinamen "Ein Mächtiger und Starker" gab. LeBaron legte in einem Buch mit dem Titel "Neue Bündnisse", das er im Gefängnis verfasste, einen Plan für die Hinrichtung von "Verrätern" - Mitgliedern konkurrierender Gruppierungen in Utah, Arizona, Texas, Kalifornien und Mexiko - fest.

Ervil war so bösartig, dass er seine schwangere Tochter abschlachten ließ, weil sie sich ihm widersetzte, und er ließ seinen Bruder Joel ermorden, um seinem Ehrgeiz, Gott auf Erden zu werden, den Weg zu ebnen. Daniel Ben Jordan, der Mann, der des Mordes an Joel verdächtigt wurde, wurde im Oktober 1987 ermordet. Er hatte den schrecklichen Fehler begangen, den Schutz von neun seiner Frauen und einundzwanzig seiner Kinder auf der Hirschjagd zu verlassen. Jordans Leiche wurde im Süden des Bundesstaates entdeckt, so der Polizeileutnant von Utah, Paul Forbes. Jordan war mit einer 9-mm-Pistole zweimal in den Kopf und zweimal in die Brust geschossen worden. Als er sein Jagdcamp verließ, fand er jemanden vor, der auf ihn wartete.

Die Ermordung Jordans, eines selbsternannten Propheten und Apostels der Kirche des Lammes Gottes, war nur eine in einer Reihe von ungeklärten Morden, die nach wie vor im Dunkeln liegen.

Die Mormonen praktizierten Polygamie bis in die späten 1800er Jahre. Dann, als Utah versuchte, ein Staat zu werden, beschloss die Kirche, die Praxis der vielen Ehefrauen zu beenden. Mehrere Organisationen spalteten sich jedoch von der ursprünglichen Kirche Jesu Christi der Heiligen der Letzten Tage ab und schufen ihre eigenen Interpretationen des Mormonentums. Jede Sekte wurde von einer Person angeführt, die für sich in Anspruch nahm, die Schlüssel zur Macht zu besitzen. Infolgedessen flohen viele der Gruppen nach Mexiko, Arizona oder Kalifornien.

Eine solche Gruppe von Fundamentalisten gründete die "Colonia Juárez" in Chihuahua, Mexiko. Ervil LeBaron wuchs in dieser Kolonie auf.

Polygamisten, ein Bauernsohn, der 1924 wegen seiner merkwürdigen Ansichten und Lehren aus der orthodoxen Kirche ausgeschlossen wurde. Im Jahr 1944 wurden Ervil und seine sechs Brüder exkommuniziert.

Nach dem Tod seines Vaters sagte Joel LeBaron, er habe den Schlüssel der Macht und gründete die Kirche der Erstgeborenen der

Fülle der Zeit. Joel erklärte sich selbst zum Propheten Gottes und verlangte, dass alle seine Forderungen erfüllt und ohne Nachfragen befolgt würden.

Ervil war nicht davon überzeugt, dass Joel wahr war, und da Ervil in der privilegierten Position war, den Großteil der Sektenliteratur zu verfassen, konnte er die Fakten so aufzeichnen, wie er sie sah. Er stellte fest, dass Adam Gott war und dass der Heilige Geist Joseph Smith, der Gründer des Mormonentums, war. Ervil sagte auch, dass die Theologie der Blutsühne die Hinrichtung aller Straftäter erfordere. Außerdem stellte er sich vor, dass der Eine Mächtige und Starke über alle Mormonen herrsche.

Detective Forbes sagte, dass Ervil Briefe verteilte, in denen er erklärte, dass er die oberste Autorität sei und dass alle Gruppenmitglieder verpflichtet seien, ihm den Zehnten zu zahlen. Joel hatte bis 1970 genug von diesem Ungehorsam. Ervil wurde von ihm als labil eingestuft und von seinem Posten als Sektenleiter entfernt. Unerschrocken gründete Ervil die Kirche des Lammes Gottes und erklärte sich selbst zum wahren Mächtigen und Starken. In kurzer Zeit hatte er dreizehn Ehefrauen und war auf dem Weg zu einem blutigen Feldzug.

Die Polizei hat bewiesen, dass von diesem Zeitpunkt an im verdeckten Kampf die abscheulichen Taten in einem halsbrecherischen Tempo vor sich gingen:

Joel LeBaron wird im August 1972 in Mexiko auf Befehl seines Bruders ermordet.

Im Dezember 1974 wird die Mormonensiedlung Los Molinos in Mexiko von einer Gruppe von Männern und Frauen mit einem

Brandanschlag überfallen. Dabei werden zwei Menschen ermordet und fünfzehn weitere verletzt. Der Überfall soll von Ervil LeBaron befohlen worden sein.

Ervil kommt zu dem Schluss, dass Naomi Zarate, die Frau eines seiner Schüler, im Januar 1975 ungehorsam war. Kurz darauf verschwindet sie und wird nie wieder gesehen.

Robert Simons aus Grantsville, Utah, bestreitet Ervils Anspruch und verkündet sich im April 1975 als der Mächtige und Starke. Simons reist jedoch ab, und es wird angenommen, dass er hingerichtet wurde.

Einer von Ervils Militärführern, Dean Vest, ist entsetzt über die Hinrichtungen und Morde und will im Juni 1975 überlaufen. Doch stattdessen wird er im Schlaf ermordet.

Ervil wird im März 1976 in Mexiko wegen seiner Rolle bei der Ermordung von Joel verhaftet. Nach acht Monaten wird seine zwölfjährige Haftstrafe auf dramatische Weise aufgehoben, und er wird freigelassen. Im Gefängnis gewinnt er jedoch neue Bewunderer, darunter den Heroinhändler Leo Peter Evonik.

Ervil teilt seinen Anhängern im April 1977 mit, dass sich seine Tochter Rebecca gegen ihn aufgelehnt hat. Er lässt sie erdrosseln und in einem Bergloch verscharren.

Dr. Rulon Allred, das Oberhaupt der größten polygamen Sekte Utahs und Ervils wichtigster Herausforderer um den Titel des Propheten Gottes, wird im Mai 1977 in Murray, Utah, ermordet. LeBaron schickt ein Mordkommando zu Allreds Beerdigung, aber die Schützen fliehen, als sie starken Polizeischutz sehen. Sie fliehen nach Texas, um Ervils Zorn für das Scheitern der Mission zu entgehen.

Mai 1979: Ervil wird von den mexikanischen Behörden festgenommen, an Utah ausgeliefert und wegen des Mordes an Allred und eines Maschinengewehrangriffs auf seinen Bruder Verlan LeBaron angeklagt und verurteilt.

Ervil LeBaron wird im August 1981 tot in seiner Zelle im Staatsgefängnis von Utah aufgefunden.

Dem offiziellen Bericht zufolge starb er an einem Herzinfarkt.

Verlan LeBaron wurde im August 1981 bei einem verdächtigen Zusammenstoß mit einem Fahrzeug in Mexiko ermordet.

Brenda Lafferty und ihre kleine Tochter Erica werden tot in ihrem Haus in American Fork, Utah, aufgefunden, die Opfer eines rituellen Mordes. Ihre Hälse waren so stark durchschnitten, dass ihre Köpfe fast enthauptet waren.

Leo Peter Evoniuk, 52, Vorsitzender der Tausendjährigen Kirche Jesu Christi, wird im Mai 1987 während eines Geschäftsbesuchs in Watsonville, Kalifornien, vermisst.

Daniel Ben Jordan, dreiundfünfzig, Prophetenapostel der Kirche des Lammes Gottes, wird im Oktober 1987 bei der Hirschjagd im Süden Utahs überfallen.

Leutnant Forbes betonte, dass es sich bei den Personen, die den brutalen, verdeckten Kampf ausführten, um Clan-Häuptlinge handelte und nicht um die meisten polygamen Mormonen, die normalerweise gesetzestreu und unauffällig sind und keinen Lärm machen wollen.

Nach Angaben der Strafverfolgungsbehörden sind rund dreißigtausend Personen in zehn Organisationen wie der von Ervil LeBaron in den Südstaaten und Mexiko organisiert. Diese Organisationen liefern sich Machtkämpfe, um die finanziellen Grundlagen der anderen zu übernehmen. Wenn sie konkurrierende Propheten ermorden, ist es wahrscheinlich, dass viele der Anhänger des Verstorbenen zu ihnen strömen. Einige der Organisationen sind äußerst wohlhabend. Andere, wie Ervils Gebeine, sind arm. Sie sind jedoch alle unglaublich privat und streng.

US-GEHEIMDIENSTES AGENCY OF CENTRAL INTELLIGENCE

Nennen Sie praktisch jede Verschwörung, und die CIA ist
fast sicher in irgendeiner Weise beteiligt.

Nur eingefleischte Bush-Loyalisten waren erstaunt, als die CIA eine Reihe geheimer Akten veröffentlichte, in denen sie ihre nachrichtendienstlichen Einschätzungen aus der Vorkriegszeit über die Massenvernichtungswaffen des Irak aktualisierte. Jeder vernünftige Amerikaner kann sich daran erinnern, dass der Präsident das Land kurz nach den Schrecken des 11. September 2001 warnte, dass der Irak laut "Geheimdienstberichten" über erhebliche Bestände an chemischen und biologischen Waffen verfüge und danach strebe, nukleare Fähigkeiten zu erlangen. Die Geheimdiensterkenntnisse der CIA dienten als Hauptgrund für die Invasion des Irak im Jahr 2003 und bestätigten die Notwendigkeit eines Präventivschlags der USA. Laut dem Buch Plan of Attack des Journalisten Bob Woodward,

CIA-Direktor George Tenet teilte Präsident Bush mit, dass die Entdeckung von Massenvernichtungswaffen im Irak ein "Volltreffer" sein würde.

"Die CIA hat nun zugegeben, dass ihre Schätzungen der Massenvernichtungswaffen falsch waren", sagte die Abgeordnete Jane Harman aus Kalifornien, die führende Demokratin im Repräsentantenhaus,

Reuters erhielt eine Erklärung des Geheimdienstausschusses. Sie forderte die CIA-Offiziere außerdem auf, aggressiv Informationen über den Iran und Nordkorea zu sammeln, "von denen bekannt ist, dass sie aktive Massenvernichtungswaffenprogramme haben".

Die Central Intelligence Agency (CIA) wurde 1947 gegründet, um das Office of Strategic Services (OSS) zu ersetzen, das den Vereinigten Staaten während des Zweiten Weltkriegs gedient hatte. Die Aufgabe der Agentur bestand darin, Informationen zu beschaffen, Geheimnisse der Sowjetunion zu stehlen und die Operationen sowjetischer Agenten zu vereiteln. Aber es war der Kalte Krieg, mit dem Eisernen Vorhang, Gehirnwäsche-Taktiken, subtiler kommunistischer Propaganda und der Drohung eines sowjetischen Führers, uns zu begraben.

Die Zielsetzung und der Auftrag der CIA sollen das Vertrauen in die Ehrlichkeit und Rechtschaffenheit der Agentur stärken: "Unsere Vision - Wir wollen der Eckpfeiler einer Geheimdienstgemeinschaft von Weltrang in den Vereinigten Staaten sein, die sowohl für die hohe Qualität unserer Arbeit als auch für die Exzellenz unserer Mitarbeiter bekannt ist. Unser Auftrag - Auf Anweisung des Präsidenten führen wir Spionageabwehr, Sondereinsätze und andere Aufgaben der Auslandsaufklärung und der nationalen Sicherheit durch. Bei unserer Arbeit übernehmen wir die Verantwortung für unser Handeln. Wir streben in allem, was wir tun, nach ständiger Weiterentwicklung.

Verschwörungstheoretiker glauben nicht an die fahnenschwenkenden, hochtrabenden Prahlereien der CIA über ihre "Vision und ihren Zweck". Laut Whistleblowern innerhalb der Regierung und im Ausland hat die US-Regierung seit den frühen 1950er Jahren Hunderte von Milliarden Dollar über die Agentur geleitet, um die Kriege, verdeckten Operationen und verdeckten Militärprogramme der Nation zu bezahlen. Dies ist die dunkle Schattenseite der Schattenregierung. Die einzige Möglichkeit für diese verdeckten Projekte, die benötigten Mittel zu erhalten, ohne ein nationales Haushaltsdefizit zu verursachen, das öffentliche Empörung hervorrufen würde, besteht darin, sich an illegalen Aktivitäten zu beteiligen. Unsere Regierung kämpfte in Südostasien, besiegte die Taliban in Afghanistan und marschierte in Panama ein, um Manuel Noriega abzusetzen, um ihre großen Interessen im Drogenhandel an diesen Orten zu wahren. Die CIA nimmt jedes Jahr Hunderte von Milliarden Dollar für verdeckte Projekte ein. Die CIA ist im Goldenen Dreieck und im Goldenen Halbmond in Südostasien sowie südlich der US-Grenze, z. B. in Panama und Kolumbien, im Drogengeschäft aktiv. Die abtrünnige CIA operiert kaum unter dem Radar. Berichten zufolge führt sie diese Initiativen durch, um Amerikas Reichtum und Macht zu sichern.

Verschwörungstheoretiker wissen, dass die US-Regierung über die CIA seit Jahrzehnten zahlreiche fremde Länder kontrolliert und steuert. Sie hat oft ausländische Führer souveräner Länder getötet oder entmachtet und Marionettenregierungen geschaffen, die unseren Interessen dienen.

Fünfzig Jahre lang hat die CIA auch verdeckte chemische und biologische Tests an der amerikanischen Bevölkerung durchgeführt, indem sie Personen injizierte, Teile von Städten besprühte und Zivilisten infizierte. Ohne ihr Wissen wurden bis zu 500.000 Menschen von der Regierung als Versuchskaninchen benutzt. Soldaten, Minderheiten, Drogenkonsumenten, Gefängnisinsassen, Homosexuelle und sogar ganze Bevölkerungsgruppen großer US-Städte wurden wahllos eingesetzt. Seit 1998 beschuldigen

Verschwörungstheoretiker die verborgene Regierung, "Chemtrails" über dem Himmel der Vereinigten Staaten zu versprühen und so mysteriöse Substanzen auf die Bevölkerung fallen zu lassen.

Die Ermordung von Präsident John F. Kennedy, der den Vietnamkrieg beenden und die CIA entmachten wollte, ist vielleicht das am häufigsten erwähnte schwarze Projekt der CIA und abtrünniger Kräfte innerhalb des Pentagon, zusammen mit Mitgliedern der Mafia und Anti-Castro-Kubanern. Verschwörungstheoretiker gehen jedoch davon aus, dass abtrünnige Personen innerhalb der CIA mehrere andere bösartige Initiativen und ruchlose Aktivitäten durchgeführt, geplant oder mitorganisiert haben oder davon im Voraus Kenntnis hatten. Im Folgenden werden einige der von Verschwörungstheoretikern immer wieder als böse bezeichneten Unternehmen aufgeführt:

- Ermordung von Martin Luther King Jr.; Ermordung von Robert F. Kennedy

- die Ermordung des größten Teils der Black-Panther-Führung; der Mordversuch an George Wallace

- Kontrolle der Opiumlieferungen in Laos und Vietnam; umfassende Überwachung von US-Personen im Inland

- Tausende von Menschen wurden in Vietnam und Indonesien getötet, Revolutionen und Konflikte in kleineren Staaten auf der ganzen Welt wurden ausgelöst, Iran-Contra;

- Iraks verdeckte Aufrüstung im Kampf gegen den Iran; Hunderte von Milliarden Dollar wurden aus Spar- und Kreditinstituten gestohlen.

- Zehntausende von Todesopfern durch Todesschwadronen, die als Selbstjustizler agieren

- Bevollmächtigte aus den Vereinigten Staaten

Michael Parenti schreibt in Dirty Truths: Reflections on Politics, Media, Ideology, Conspiracy, Ethnic Life, and Class Power, dass die CIA per Definition konspirativ ist. Die CIA kann "verdeckte Handlungen und versteckte Pläne anwenden, von denen viele von der abscheulichsten Art sind". Was sind schließlich verdeckte Operationen, wenn nicht Verschwörungen?"

Nach Ansicht von Verschwörungstheoretikern war es schon immer das ultimative Ziel der elitärsten und geheimsten Geheimorganisationen, die gesamte wirtschaftliche und politische Macht in einem neuen weltweiten Netzwerk zu konzentrieren, das vollständig von der Neuen Weltordnung kontrolliert wird. Um dieses Ziel zu erreichen, müssen sie die Vereinigten Staaten von ihrer derzeitigen wirtschaftlichen und politischen Macht entmachten. Ihr derzeitiges Ziel ist es also, uns von innen heraus zu zerstören.

KIRCHE DES SATANS

Am 30. April 1966 gründete Anton Szandor LaVey die First Church of Satan in San Francisco und läutete damit das Zeitalter des Satans ein.

Anton Szandor LaVey (1930-1997) rasierte sich den Kopf, zog sich ein schwarzes klerikales Gewand mit weißem Kragen an und erklärte sich am 30. April 1966 (Walpurgisnacht, eine von den Anhängern des Bösen legendär gefeierte Nacht) zum Hohepriester des Satans. LaVey erklärte öffentlich, dass das Zeitalter des Satans begonnen habe. Es war die Morgendämmerung der Magie und der reinen Erkenntnis, und er profitierte davon.

In San Francisco gründete er die First Church of Satan.

Der Glaube an magische Fähigkeiten oder die Anbetung des Satans waren keine neuen Konzepte. Neu war jedoch, dass LaVey das Wort "Kirche" im Titel seiner Organisation verwendete. Es gab Eheschließungen, Beerdigungen und Kinder, die im Namen Satans getauft wurden, sowie Riten und Rituale, die dem Fürsten der Finsternis gewidmet waren.

Als LaVey, der Oberpriester der Satanic Church of America, die Prominente Judith Case und den freiberuflichen Schriftsteller John Raymond heiratete, führte er die Zeremonie vor einer nackten Frau durch, die als lebender Altar diente. Später, als LaVey die Bedeutung des Ritus beschrieb,

Er sagte den Reportern, dass ein Altar nicht eine kalte, harte Platte aus sterilem Stein oder Holz sein sollte. Stattdessen sollte er für ungezügelte Leidenschaft und Exzess stehen.

Die erste öffentliche Trauung in den Vereinigten Staaten durch eine dämonische Sekte war ein ziemliches Spektakel. Die Braut verzichtete auf das übliche weiße Kleid und trug stattdessen ein leuchtend rotes Kleid. Der Bräutigam trug einen schwarzen Rollkragenpullover und einen dazu passenden Mantel. Der Hohepriester jedoch stahl die Show mit einem schwarzen, mit scharlachroter Seide gefütterten Mantel und einer blutroten Kapuze, aus der zwei weiße Hörner herausragten.

1969 veröffentlichte LaVey die Satanische Bibel, in der er die Überzeugungen der Church of Satan bekräftigte und erklärte, der Satanismus sei "der bösen, verborgenen Macht in der Natur gewidmet, die für das Wirken der irdischen Ereignisse verantwortlich ist, für die Wissenschaft und Religion keine Erklärung haben". Er sagte, dass er zur Gründung der Religion des Satans inspiriert wurde, weil er die Notwendigkeit einer Kirche sah, die "den menschlichen Körper und die fleischlichen Triebe als Objekte des Feierns zurückerobern würde". Die First Church of Satan erkennt Satan nicht als reales Wesen an, sondern als eine Metapher des Materialismus. Die Kirche vertritt die Auffassung, dass Satan eine innere Haltung repräsentiert und niemals als ein Objekt gesehen werden sollte, auf das menschliche Fähigkeiten projiziert werden, um das anzubeten, was lediglich in einer externalisierten Form menschlich ist.

Die Satanische Bibel ist in vier Abteilungen oder Bände gegliedert, die jeweils einem der vier okkulten Elemente entsprechen: Feuer, Luft, Erde und Wasser. Der erste Teil mit dem Titel "Buch des Satans" belehrt den Leser, dass "schwerfällige Regelbücher der

Heuchelei nicht mehr erforderlich sind" und dass es an der Zeit ist, das Gesetz des Dschungels wiederzuentdecken. Das "Buch Luzifer", der zweite Teil, erörtert, wie die römische Gottheit Luzifer, der Lichtträger, der Geist der Erleuchtung, durch den christlichen Glauben mit dem Bösen in Verbindung gebracht wurde. Das "Buch des Belial" ist eine grundlegende Abhandlung über rituelle und zeremonielle Magie, geschrieben in satanistischer Terminologie. Das "Buch des Leviathan" schließlich, der vierte Teil, unterstreicht die Bedeutung des gesprochenen Wortes für die unwirksame Magie.

Die satanistische Philosophie verherrlicht den Menschen als Tier. Sie erhebt den sexuellen Hunger über die spirituelle Liebe und glaubt, dass letztere eine Scharade ist. Dem Satanismus zufolge muss auf Aggression mit Gewalt geantwortet werden, und Nächstenliebe ist eine utopische Unwirklichkeit. Satanisten betrachten Gebet und Beichte als nutzlose, vergebliche Gesten und glauben, dass man seine Ziele nur durch Zauberei und unerbittliche Anstrengung erreichen kann - und dass der beste Weg, sich von Schuld zu befreien, darin besteht, sie von vornherein zu vermeiden. Wenn Satanisten einen Fehler machen, erkennen sie aufrichtig an, dass Irren menschlich ist. Anstatt sich reinzuwaschen, untersuchen sie die Umstände, um herauszufinden, was genau falsch gelaufen ist und wie man es vermeiden kann, dass es wieder passiert. Sie glauben, dass das Studium und die Durchführung von Ritualen, die die sinnliche Natur des Menschen hervorheben und diese Kraft zur Entladung von psychischer oder emotionaler Energie kanalisieren, der Weg zu höherer persönlicher Vollkommenheit und einer Untersuchung der tieferen Geheimnisse des Lebens ist.

Da die christlichen Religionen, insbesondere die römisch-katholische Kirche, für den Fürsten der Finsternis ein Gräuel sind, verwenden

Satanisten in ihren Ritualen Parodien christlicher Riten und Symbole. So wird beispielsweise das Kreuz verwendet, wobei der lange Balken nach unten gerichtet ist. Ebenso können Satanisten das Pentagramm oder den fünfzackigen Stern verwenden, der im Allgemeinen mit Wicca oder Hexerei assoziiert wird; wie das Kreuz ist es jedoch umgedreht und ruht auf einem einzigen Punkt statt auf zwei. Satanisten glauben, dass ihre Parodie und Umkehrung von Ritualen und Symbolen anderer Religionen nicht nur dem Ziel der Blasphemie dient, sondern dass sie sich die dem Ritual oder Symbol innewohnende Kraft für die Ziele Satans aneignen und umkehren.

Die Satanische Bibel umreißt neun Kriterien zur Definition des Satanismus in der heutigen Zeit. Satan steht für:

1. Nachsicht statt Enthaltsamkeit;

2. vitales Leben, statt ätherischer Hirngespinste;

3. reines Wissen, statt unehrlicher Selbsttäuschung;

4. Mitgefühl für diejenigen, die es verdienen, statt Liebe für Idioten;

5. Rache, anstatt die andere Wange hinzuhalten;

6. Rechenschaftspflicht gegenüber den Verantwortlichen, anstatt sich um psychologische Vampire zu kümmern;

7. Der Mensch ist nur ein weiteres Tier, oft schlimmer als die Tiere, die auf allen Vieren gehen, und er hat als Ergebnis der göttlichen geistigen und intellektuellen Entwicklung

1. zur wildesten Bestie des Planeten werden;

8. alle so genannten Übertretungen, die zu körperlichem, geistigem oder emotionalem Vergnügen führen;

9. der größte Freund der Kirche, seit er sie all die Jahre am Leben erhalten hat.

LaVey erlangte schnell die Aufmerksamkeit der Medien und ließ Reporter oft bei den Ritualen zusehen, die er in seiner Kirche, dem berühmten "Schwarzen Haus", das früher ein Bordell war, am lebenden Altar mit dem nackten Körper einer Frau vollzog. Die Aufmerksamkeit von Filmstars, die Beschäftigung als technischer

Berater bei Filmen wie Rosemary's Baby und der Hass von Millionen gläubiger Christen, die LaVey als eine Art Antichrist betrachteten, kamen alle gleichzeitig. Nach einigen Jahren der Todesdrohungen und Verfolgung tauchte LaVey in den Untergrund ab, sagte alle öffentlichen Veranstaltungen ab und benannte seine Religion in eine Geheimorganisation um.

1991 verkaufte LaVey das "Schwarze Pferd" zusammen mit Erinnerungsstücken wie einem Schrumpfkopf und einem ausgestopften Wolf auf Anordnung eines Gerichts und teilte das Geld mit seiner entfremdeten Frau Diane Hagerty.

Am 30. Oktober 1997, einen Tag vor Halloween, starb LaVey. Sein Nachlass wurde sofort zum Gegenstand einer gerichtlichen Auseinandersetzung zwischen seiner ältesten Tochter Karla und Blanche Barton, seiner Lebensgefährtin und der Mutter seines Sohnes Xerxes (LaVeys jüngere Tochter Zeena verließ die Church of Satan und wurde 1990 Priesterin im Temple of Set). Die First Church of Satan ist auch heute noch aktiv und wird von der Hohepriesterin Blanche Barton und dem Magister (Hohepriester) Peter H. Gilmore geleitet.

Als er kürzlich zu der Feststellung von Experten des Neuen Testaments befragt wurde, dass die seit langem gefürchtete Zahl des Tieres aus der Offenbarung 616 und nicht 666 sein könnte, erklärte Magister Gilmore, dass Satanisten immer irgendetwas verwenden würden, das Christen Angst macht. Es macht keinen Unterschied, ob die Zahl 616 oder 666 ist; der Satanist wird die Zahl verwenden, die am meisten verachtet wird.

TSUNAMI IN ASIEN IM JAHR 2004

Verschwörungstheoretiker sahen in einer verdeckten Militäroperation oder in Außerirdischen, die die Erddrehung korrigierten, eine mögliche Ursache für den verheerenden Tsunami.

Ein Erdbeben der Stärke 9,3 erschütterte am frühen Morgen des 26. Dezember 2004 den Meeresboden vor Nordsumatra und ließ Milliarden Tonnen Salzwasser aufsteigen. Riesige Wellen wälzten sich auf die Strände von Sumatra, Thailand und Sri Lanka zu und trafen Tausende von ahnungslosen Einheimischen, Urlaubsgästen und internationalen Besuchern. Der riesige Tsunami tötete möglicherweise 300.000 Menschen und setzte seinen tödlichen Weg fort, bis er seine ganze Kraft an den Stränden Kenias entfaltete

Nur wenige Tage nach dem schrecklichen Ereignis waren Verschwörungstheoretiker rund um den Globus damit beschäftigt, die Behauptungen von Experten über eine Naturkatastrophe zu diskreditieren. Sie behaupteten, dass es sich nicht um eine höhere Gewalt handelte, sondern um eine vorsätzliche Tat grausamer Menschen. Im Folgenden werden einige der populärsten Theorien vorgestellt:

Das US-Militär hatte im Stillen eine tödliche Öko-Waffe entwickelt.

Die elektromagnetischen Wellen zerstörten das Ökosystem und lösten das Erdbeben aus, das zum Tsunami führte.

Eine der Supermächte hatte eine Unterwasser-Atombombe getestet, die sich als viel stärker erwies als erwartet.

Das US-Militär und das Außenministerium waren frühzeitig über den bevorstehenden Tsunami informiert worden, unternahmen aber wenig, um die asiatischen Länder zu warnen.

Alle Regierungen der Welt waren sich des bevorstehenden Monster-Tsunamis bewusst, unternahmen aber nichts, um die Opfer in seinem Weg zu warnen, um dem Ziel der Neuen Weltordnung zu entsprechen, die Weltbevölkerung zu reduzieren.

Wohltätige Außerirdische hatten beobachtet, dass die Rotation der Erde ungleichmäßig und unstetig geworden war, und versuchten, ihre Umlaufbahn zu korrigieren. Schließlich, nach dem Tsunami, stellten Wissenschaftler in Indien fest, dass die Rotation des Planeten stabiler geworden war.

DIE AMERIKANISCHE SCHUTZVEREINIGUNG

Als Reaktion auf eine angebliche römisch-katholische Verschwörung zur Übernahme der Kontrolle über die Vereinigten Staaten, gründete die APA einen Geheimclub, um alle Katholiken von öffentlichen Ämtern fernzuhalten.

Die American Protective Association (APA) war eine Untergrundorganisation in den Vereinigten Staaten, die sich dafür einsetzte, römische Katholiken von politischen Ämtern fernzuhalten. In den 1890er Jahren wurde die Organisation in den meisten nördlichen Staaten zu einer unangenehmen Erscheinung in der politischen Landschaft, hatte aber im Süden nur begrenzte Auswirkungen.

Abgesehen von einigen wenigen Mitgliedern in Georgia und Texas, dem Süden.

Am 13. März 1887 gründete Henry F. Bowers, ein sechzigjähriger Anwalt aus Maryland, in Clinton, Iowa, die APA. Bowers, ein Freimaurer, bediente sich großzügig bei freimaurerischen Ritualen, um aufwändige Insignien, Initiationsriten und einen geheimen Eid zu schaffen, der die Mitglieder verpflichtete, sich jederzeit darum zu bemühen, "die politische Position dieser Regierung in die Hände der Protestanten zu legen, unter vollständigem Ausschluss der römisch-katholischen Kirche, ihrer Mitglieder und des Mandats des Papstes". Die APA machte sich protestantische Vorurteile gegenüber Katholiken zunutze, um Mitglieder zu werben. Viele Freimaurer, die Katholiken bereits von ihrer brüderlichen Organisation ausgeschlossen hatten, schlossen sich dem Bestreben an, Katholiken von öffentlichen Ämtern fernzuhalten.

Im Jahr 1893 begann die APA, aktiv antikatholisches Material zu verbreiten und organisierte öffentliche Vorträge, indem sie sich als ehemalige Priester ausgaben, die die abscheulichen Geheimnisse der katholischen Kirche enthüllten. Einige dieser Fälscher behaupteten, eine päpstliche Bulle gesehen zu haben, die am oder um das Fest des Heiligen Ignatius im Jahr 1893 zur Tötung von Protestanten aufrief. Bis 1894 hatte die APA siebzig wöchentliche Boulevardzeitungen.

Verleumderische Lügen über die katholische Kirche Die Behauptung, Terence V. Powderly, der Kommandeur der Kolumbusritter, stehe an der Spitze dieser katholischen Gruppe in einem riesigen Komplott gegen alle amerikanischen Institutionen, stand im Mittelpunkt der Berichte.

Bowers wurde 1898 als nationaler Präsident der APA wiedergewählt. Dennoch war es der Organisation nicht gelungen, nennenswerte Änderungen in der Gesetzgebung oder Politik der Regierung zu bewirken. Sie verblasste allmählich und hinterließ nur ein Vermächtnis der Feindseligkeit zwischen Katholiken und Protestanten, die anfällig für Anschuldigungen wegen katholischer Verschwörungen waren.

COINTELPRO: DER VERDECKTE KRIEG DES FBI GEGEN AMERIKA

In unserer Jugend dachten wir, das FBI stünde für Wahrheit, Gerechtigkeit und den amerikanischen Weg. Doch Direktor J. Edgar Hoover ließ seinen Agenten freie Hand bei der einige extremistische Gruppierungen zu verfolgen.

Um gegen die wachsenden radikalen Bewegungen der 1950er, 1960er und 1970er Jahre vorzugehen, erweiterten das FBI und die Polizei ihre gesetzlich zulässigen Befugnisse in einer Weise, die sie als legitimen Missbrauch der verfassungsmäßig garantierten individuellen Freiheiten ansahen. J. Edgar Hoover, Direktor des FBI, wies seine Agenten vor Ort an, bestimmte Zielorganisationen zu entlarven, zu stören, in die Irre zu führen, zu diskreditieren und auf andere Weise zu neutralisieren". Das American Indian Movement, die Kommunistische Partei, die Socialist Workers Party, schwarze nationalistische Gruppen, Studenten für eine demokratische Gesellschaft und ein breites Spektrum von Antikriegs-, Antirassismus-, Umwelt- und Feministengruppen. Lesben- und Schwulengruppen gehörten zu den Gruppen, die als störend für die Struktur der amerikanischen Gesellschaft angesehen wurden. Martin Luther King Jr. und alle Gruppen, die sich für soziale oder rassische Gerechtigkeit einsetzten, wie z. B. die NAACP, gerieten unter besonderen Beschuss.

Viele Organisationen, darunter die Lawyers Guild und das American Friends Service Committee, sind daran beteiligt.

Im Extremfall wurden verdeckte Operationen durchgeführt. Die

Aufgabe der Agenten vor Ort bestand nicht nur darin, Gruppenleiter auszuspionieren und "unamerikanische Handlungen" zu melden, sondern auch darin, sie persönlich zu verunglimpfen und ihren Ruf zu ruinieren.

Diejenigen, die immer dachten, dass das FBI die höchsten Standards aufrechterhält und die Wahrheit, die Gerechtigkeit und die amerikanische Lebensart unnachgiebig schützt, wären sehr enttäuscht, wenn sie feststellen müssten, dass ein FBI-Agent, der auf Hoovers Anweisung arbeitet, sich an solch abscheulichen und kriminellen Verbrechen wie den folgenden beteiligt:

- In den Medien wurden häufig falsche und verleumderische Berichte über radikale Führer platziert;

- Fälschung von Unterschriften auf persönlichen Mitteilungen und öffentlichen Dokumenten; Herstellung und Verteilung gefälschter Flugblätter im Namen ihrer Zielgruppen;

- anonyme und provokative Telefonanrufe bei prominenten Personen, die vorgaben, Leiter von Organisationen zu sein, die soziale oder rassistische Gerechtigkeit forderten;

- Es wurden Sitzungen zahlreicher Organisationen angekündigt, deren Termine und Uhrzeiten ungenau waren;

- Sie gaben sich als Mitglieder radikaler oder Bürgerrechtsorganisationen aus und richteten falsche Zellen ein, um Informationen über die Art von Menschen zu sammeln, die sich zu solchen Organisationen hingezogen fühlen.

- Es wurden falsche Verhaftungen vorgenommen, um Vorstrafen für die Leiter und Mitglieder der Zielorganisation zu erhalten;

- Falsche Zeugenaussagen und gefälschte Beweise wurden vor Gericht verwendet, was zu ungerechten Verurteilungen führte.

- Um bestimmte Organisationen, insbesondere schwarze, puertoricanische und indianische Aktivisten, einzuschüchtern, drohten FBI-Agenten und Polizeibeamte mit körperlicher Gewalt, brachen in Büros von Organisationen ein und zerstörten sie, und es kam zu brutalen Schlägen.

Dem Bürgerkomitee zur Untersuchung des FBI gelang es, geheime Dokumente aus einem FBI-Büro in Media, Pennsylvania, zu entfernen und sie Anfang 1971 der Öffentlichkeit zugänglich zu machen. Das inländische Spionageabwehrprogramm (COINTELPRO) des FBI wurde aufgedeckt. Im selben Jahr wurden die Pentagon Papers, streng geheime Regierungsdokumente über den Vietnamkrieg, veröffentlicht. Mehrere FBI-Agenten begannen, die Behörde zu verlassen und enthüllten weitere abscheuliche Wahrheiten über COINTELPRO. Hochrangige Regierungsbeamte wurden durch die Enthüllungen beunruhigt, dass das FBI "schmutzige Tricks" gegen amerikanische Bürger angewandt hatte, nur weil diese an Antikriegskundgebungen teilnahmen oder für soziale und rassistische Gerechtigkeit marschierten und demonstrierten. Die koordinierten Angriffe auf die Rechte, den Ruf und das Leben der Menschen wurden als Terrorakte der Regierung verurteilt.

Die Ausschüsse des Senats und des Repräsentantenhauses leiteten gründliche Untersuchungen der Taktiken ein, die von der Regierung zur Beschaffung von Informationen und zur Durchführung verdeckter Operationen eingesetzt wurden. Diese Anhörungen deckten umfangreiche ungesetzliche Operationen auf, an denen das

FBI, die CIA und andere Regierungsbehörden beteiligt waren.

Der Geheimdienst der US-Armee, das Weiße Haus, der Generalstaatsanwalt sowie staatliche und kommunale Strafverfolgungsbehörden wurden gegen Personen eingesetzt, die die nationale und internationale Politik in Frage stellten.

Obwohl der COINTELPRO-Skandal in den 1970er Jahren zu einer vorübergehenden Reform des Missbrauchs durch die Regierung führte, wurde die offizielle Geheimhaltung wieder eingeführt. Das Gesetz über die Informationsfreiheit, das für die Aufdeckung von Operationen wie COINTELPRO von entscheidender Bedeutung war, wurde von der Reagan-Regierung durch administrative, gerichtliche und legislative Maßnahmen aufgehoben. Bürgerrechtlern zufolge wurden viele der verdeckten kriminellen Handlungen, die während COINTELPRO durchgeführt wurden, durch die Executive Order 12333 vom 4. Dezember 1981 genehmigt. Besorgniserregend ist, dass das, was genehmigt wurde, höchstwahrscheinlich immer noch praktiziert wird.

WILLIAM COOPER

__Milton William Cooper:__ eine Autorität in Sachen UFOs?
Sind Sie ein Verschwörungstheoretiker? Sind Sie ein Mitglied des Navy
Geheimdienstes? Sind Sie eine umstrittene Radiopersönlichkeit?
Miliz-Kommandant? Survivalist? Patriot? Fanatiker?
Wer ist der gefährlichste Mann Amerikas?

William "Bill" Cooper (1943-2001) war ein berühmter Verschwörungstheoretiker und Patriot. Er sprach über die Verfassung, den Mord an JFK, die Trilaterale Kommission, die Bilderberg-Gruppe, die Illuminaten, die Neue Weltordnung, UFOs und die Eine-Welt-Regierung.

Coopers umfangreiche Nachforschungen über die Informationen, über die er "gestolpert" war, sowie seine streng geheimen militärischen Referenzen trieben das voran, was er als seine Mission empfand. Mehr als zehn Jahre lang sprach und lehrte er in allen Bundesstaaten und auf der ganzen Welt, wobei er so viele Methoden und Mittel wie möglich entwickelte, um seine Erkenntnisse der Öffentlichkeit zugänglich zu machen. Sein Wunsch, Informationen zu verbreiten oder "die Wahrheit zu verbreiten", wie er es nannte, wurde zu seinem Lebensinhalt.

Cooper erlangte internationale Bekanntheit als Radiopersönlichkeit mit The Hour of the Time (oder HOTT), einer weltweiten Kurzwellensendung von WBCQ, die er gründete und jeden Montag- bis Donnerstagabend eine Stunde lang moderierte. Er sagte oft, dass das enorme Risiko, das er einging, dadurch gemildert werden würde, dass er vor einem möglichst großen Publikum an die Öffentlichkeit ging. Auf diese Weise, so sagte er, müssten die Leute, wenn er "dauerhaft ausgeschaltet" würde, denken, dass er ein absichtliches Ziel sei, um zum Schweigen gebracht zu werden. Je mehr Menschen seine Radiosendungen hörten, seine Videoproduktionen sahen, sich seine Kassetten und Vorträge anhörten oder eine oder alle seiner zahlreichen Veröffentlichungen, einschließlich Zeitungen, Newsletter und Bücher, lasen, desto besser - selbst wenn dies seinen Tod bedeutete. "Wacht auf, Leute, traut weder mir noch sonst jemandem, recherchiert selbst", forderte er seine Zuhörer immer wieder auf, selbst zu recherchieren und sich eine eigene Meinung zu bilden.

Cooper warnte davor, dass jede Art von Registrierung, ob es sich nun um Waren, Sozialversicherung oder Waffenregulierung handelt, ein Instrument ist, um Informationen über Individuen zu sammeln, um sie letztendlich zu versklaven. Er sprach unaufhörlich über die übergreifenden Ziele der verdeckten Eine-Welt-Regierung. Darüber hinaus wird behauptet, dass Kreditkarten, Führerscheine, Bankkonten und andere derartige Dinge alle Teil der

Er ermutigte die Zuhörer, sich darüber zu informieren, dass fast alle Daten - sogar medizinische Daten - in einem obligatorischen Computerchip oder einem ähnlichen Überwachungsgerät kodiert und jeder Person eingepflanzt werden, die vollständig von der verborgenen Regierung abhängig und ihr unterstellt ist. Alle Geldtransaktionen, einschließlich Einkommen, Einkäufe und sogar Steuern, werden über diese Chips kodiert. Niemand wird in der Lage sein, seinen Lebensunterhalt zu verdienen oder etwas zu kaufen oder zu verkaufen, ohne einen solchen Chip implantiert zu haben.

Cooper vertrat die Ansicht, dass ein solches Big-Brother-System nicht bedrohlich wäre, wenn unsere Gesellschaft und jeder Einzelne in ihr ehrlich und rein handeln würde; aufgrund der böswilligen Absichten, Wünsche und der Gier einiger Eliten wäre die ultimative Manipulation und totale Herrschaft über die Massen jedoch katastrophal.

Coopers Vorlesungen wurden durch Papiere, Grafiken und umfangreiche Recherchen ergänzt, und er hämmerte immer wieder auf einen seiner schwierigsten Punkte ein: Es ist illegal, Einzelpersonen zur Zahlung von Steuern zu zwingen. Darüber hinaus behauptete er, dass es rechtswidrig sei, die Einwohner zur Zahlung von Steuern zu zwingen, und führte die Unabhängigkeitserklärung und die Verfassung als Beweis dafür an, dass die Vereinigten Staaten von Amerika seit ihrer Gründung eine Republik sind. Dies war eine seiner Hauptbegründungen, und sie war auch eine der tödlichsten. "Wir Amerikaner haben uns dem gedankenlos und treu unterworfen, und das ist falsch", schrie er.

Cooper wuchs in einer Familie der Air Force auf und zog von Stadt zu Stadt und von Land zu Land. So wurde er in den meisten großen Nationen der Welt ausgebildet, lebte dort oder reiste dorthin, was ihm eine globale Perspektive verschaffte. Als Erwachsener durchlief er eine glänzende Militärkarriere mit mehreren streng geheimen Befugnissen, die sich später in einer Weise als lehrreich erweisen sollten, die er nicht erwartet hatte. Er trat dem Strategic Air Command der United States Air Force bei, wo er eine geheime Freigabe hatte und eine Zeit lang auf B-52-Bombern, Tankflugzeugen und Minuteman-Raketen arbeitete, bis er ehrenhaft entlassen wurde. Sein Wunsch, in die Marine einzutreten, war zuvor an der Reisekrankheit gescheitert. Nachdem er diese Krankheit überwunden hatte, trat er nach seiner Entlassung aus der Luftwaffe in die Marine ein und nahm während einiger der schwierigsten Jahre des Vietnamkriegs am U-Boot-Dienst teil. In Vietnam nahm er auch an Hafenpatrouillen und Flusssicherungseinsätzen teil und wurde für seine Tapferkeit und Führungsqualitäten im Kampf ausgezeichnet.

Cooper diente auch im Informationsteam für den Oberbefehlshaber der Pazifikflotte und als Unteroffizier der Wache in der Kommandozentrale in Makalapa, Hawaii, wo er eine Top Secret, Q, SI Sicherheitsfreigabe aufrecht erhielt. Nachdem er 1975 ehrenvoll aus der Marine entlassen wurde, setzte er sein Studium fort. Er erwarb einen Associate of Science-Abschluss in Fotografie und arbeitete unter anderem als Geschäftsführer des Adelphi Business College. Außerdem war er Marketingkoordinator für National Education and Software. Diese Tätigkeiten verschafften ihm die Erfahrungen und Fähigkeiten, die er schließlich bei der Erstellung und Vermarktung seiner Filme einsetzte, als ihm seine wahre Berufung klar wurde.

Coopers kühne Äußerungen und Behauptungen zogen die Aufmerksamkeit der Regierungsbeamten auf sich. Da er dies wusste, behauptete er stets, dass er lieber mit Ruhm überschüttet werden würde, als zu schweigen. Da er einen großen Konflikt am Horizont sah, verließ Cooper im März 1999 mit seiner Familie das Land, um sie zu schützen. Er blieb in seinem Haus in Eagar, Arizona, um seine Arbeit zu beenden, nur begleitet von seinen "Wachgänsen", zwei Hunden, einem Hahn und einem Huhn. Cooper wurde am 5. November 2001 bei einer Razzia des Apache County Sheriff's Department in seinem Haus erschossen.

Normalerweise gibt es zu jeder Situation widersprüchliche Darstellungen, und dieser Fall bildet da keine Ausnahme. Mehrere Berichte des Sheriff-Büros deuteten darauf hin, dass es sich bei dem

Vorfall nicht um eine geplante SWAT-Razzia in Coopers Haus handelte, sondern vielmehr um eine einfache "Konfrontation" zwischen der Polizei und Cooper, die in einem Schusswechsel gipfelte. Robert Martinez, ein Beamter des Apache County, wurde ebenfalls schwer verletzt. Einigen Berichten zufolge fielen die Schüsse bei einem Verhaftungsversuch. Viele von Coopers Zuhörern und Anhängern sind jedenfalls der Meinung, dass es sich bei dem Vorfall lediglich um den Mord an einer der ersten Personen handelte, die die Regierung als das entlarvten, was sie ist. Obwohl sie zugeben, dass Cooper kein einfacher Mann war, mit dem man gut auskam, glauben diese Anhänger, dass die Behörden Beweise über die Schießerei zurückgehalten haben, und Behauptungen in dieser Richtung haben seitdem als provokatives Futter für diejenigen gedient, die schreien, dass sein "Mord" selbst eine Verschwörung war, um Milton William Cooper ein für alle Mal zum Schweigen zu bringen.

BEWEGUNG FÜR KREATIVITÄT

Die Kreativitätsbewegung ist eine Religion, die ausschließlich
an die weiße Rasse und glaubt nicht an Gott,
Himmel, Hölle oder das ewige Leben.

Auch wenn der Slogan der Kreativitätsbewegung "RaHoWa" (Racial Holy War) lautet,

War) erklärt sich selbst zu einer rassischen Religion. Wie die Mitglieder der Organisation bekannt sind, glauben die Schöpfer nicht an Gott, Himmel, Hölle oder ewiges Leben. Den Schöpfern zufolge hat man, wenn man der weißen Rasse angehört, bereits alles. Sie sind schließlich "die letzte Schöpfung der Natur". "Was der weißen Rasse nützt, ist die größte Tugend; was der weißen Rasse schadet, ist die größte Sünde", so die Auslegung der Goldenen Regel durch die Schöpfer.

Ben Klassen gründete 1973 die Kreativitätsbewegung als Church of the Creator (COTC). Der in der Ukraine geborene und in Kanada aufgewachsene Klassen war Mitglied vieler rechtsextremer Gruppen, darunter der John Birch Society, die er schließlich verurteilte. Er war der Vorsitzende der Präsidentschaftskampagne von George Wallace in Florida im Jahr 1968. Er arbeitete an einem Buch mit dem Titel Nature's Eternal Religion, von dem er hoffte, dass es die jüdisch-demokratisch-marxistischen Werte, die das zeitgenössische Leben vergifteten, durch ein neues Konzept der Rasse als transzendente Verkörperung der absoluten Wahrheit ersetzen würde. Das Christentum hingegen war ein selbstmörderischer Glaube. Mit fünfundsiebzig Jahren beging Klassen am 6. August 1993

Selbstmord, indem er vier Flaschen Schlaftabletten zu sich nahm.

Klassens Leben stand unter keinem guten Stern, als er sich dem Ende näherte. Er hatte ein paar Anhänger seiner neuen Religion, aber am 17. Mai 1991 tötete einer der COTC-Geistlichen, George Loeb, einen schwarzen Golfkriegsveteranen und wurde zu lebenslanger Haft ohne Aussicht auf Entlassung für die nächsten 25 Jahre verurteilt. Die Familie des toten Matrosen reichte 1992 mit Unterstützung des Southern Poverty Law Center eine Klage in Höhe von 1 Million Dollar gegen das COTC ein, weil es sich schuldig gemacht hatte. Klassen versuchte daraufhin, sein gesamtes Vermögen zu verkaufen und sich vom COTC zu distanzieren. Sein erster Kandidat für das Amt des Konzernchefs saß eine sechsjährige Haftstrafe ab, weil er verseuchtes Fleisch an öffentliche Schulkantinen geliefert hatte. Die zweite Wahl war ein Pizzabote aus Baltimore, aber in letzter Minute wurde die Stelle von einem Skinhead aus Milwaukee besetzt, der das COTC bis Januar 1993 leitete. Klassen ersetzte den Skinhead durch Richard McCarty, Telemarketing, kurz vor dessen Tod im August 1993.

Unter der Leitung von McCarty geriet das COTC ins Trudeln. Weniger als ein Jahr nach Klassen's Tod reichte das Southern Poverty Law Center eine Klage ein, um das COTC aufzulösen.

Die Kirche des Schöpfers, McCarty drehte sich schnell um.

Matt Hale wurde während seines Studiums an der Bradley University in Peoria, Illinois, Anfang der 1990er Jahre auf COTC aufmerksam. Dennoch zeigte er kein nennenswertes Interesse, der Organisation beizutreten, bis sich ihm 1995 die Möglichkeit bot, eine Führungsrolle zu übernehmen. Hale fühlte sich seit seiner Kindheit von Hitler und dem Nationalsozialismus angezogen und hatte Mein

95

Kampf und die Literatur rassistischer Gruppen seit der achten Klasse studiert. Am 27. Juli 1996, Hales fünfundzwanzigstem Geburtstag, ernannte ihn ein Gremium von COTC-Ältesten, bekannt als das Guardians of the Faith Committee, zum Pontifex Maximus oder "höchsten Priester" der Organisation, die er in World Church of the Creator (WCOTC) umbenannte. Hale verlieh der Organisation neue Vitalität und zog viele junge männliche Anhänger in die WCOTC, von denen viele engagierte Mitglieder wurden.

Hale schloss sein Jurastudium an der Southern Illinois University ab und legte 1999 die Anwaltsprüfung ab. Aufgrund seines bekannten Rassismus entzog ihm die Anwaltskammer des Bundesstaates jedoch die Zulassung zur Anwaltschaft. In der Folge nutzte Hale diese Verweigerung als weiteren Marketing-Gag. Er trat in verschiedenen Radio-Talkshows und Boulevard-Fernsehsendungen auf, die von Ricki Lake, Leeza Gibbons und Jerry Springer moderiert wurden. Außerdem stellte ihn Tom Brokaw in einer NBC-Sendung mit dem Titel "Web of Hate" vor.

1999 begab sich Benjamin Smith, ein Mitglied des WCOTC, auf einen Amoklauf durch zwei Staaten, der am 4. Juli begann. Er ermordete zwei Menschen und verletzte neun weitere, allesamt Angehörige ethnischer und religiöser Minderheiten: Afroamerikaner, asiatische Amerikaner und Juden. Hale leugnete zunächst, Smith zu kennen, doch nachdem er über die von Smith angerichteten Verwüstungen nachgedacht hatte, sagte er, dass es sich bei dem ganzen Verlust nur um einen Weißen handelte.

Der WCOTC verlor eine Klage wegen Urheberrechtsverletzung, die im November 2002 von der Te-Ta-Ma Truth Foundation gegen ihn angestrengt worden war, die sich viele Jahre zuvor den Namen

"Church of the Creator" schützen ließ. Hale kam der Anordnung der US-Bezirksrichterin Joan Humphrey Lefkow nicht nach, den Namen Church of the Creator nicht mehr auf Websites und anderen Druckerzeugnissen zu verwenden. Als er im Januar 2003 zu einer Anhörung wegen Missachtung des Gerichts erschien, wurde er verhaftet, weil er ein Attentat auf die Richterin geplant hatte.

Als Richterin Lefkow am 7. März 2005 von der Arbeit nach Hause kam, fand sie ihren Ehemann, den Anwalt Michael F. Lefkow, und ihre Mutter, Donna Humphrey, tot in einer Blutlache vor, offenbar durch Kopfschüsse getötet. Matt Hale wurde sofort beschuldigt, die Morde arrangiert und angeordnet zu haben.

Als Vergeltungsmaßnahme gegen den Richter flüchtete er aus seiner Zelle. Hale beteuerte seine Unschuld, und er wurde in diesem Fall für nicht schuldig erklärt, nachdem Bart Ross, der über Richter Lefkow verärgert war, weil dieser eine von ihm eingereichte Klage wegen Amtsmissbrauchs abgelehnt hatte, einen Abschiedsbrief geschrieben hatte, in dem er die Morde zugab. Für die Planung des Mordes an Richter Lefkow im Jahr 2003 wurde Hale am 6. April 2005 zu einer vierzigjährigen Haftstrafe verurteilt.

Ben Klassen schuf 1981 die "Bibel des weißen Mannes", die zur Pflichtlektüre für alle Mitglieder der Kreativitätsbewegung wurde. Zu den in Klassens "Bibel" enthaltenen Prinzipien gehören die folgenden:

- Nichtweiße oder "Schlammrassen" sind Untermenschen und die natürlichen Gegner der Weißen Rasse.

- Die Juden sind der tödlichste Gegner der weißen Rasse und versuchen, sie zu "mongrelisieren", um ihr ultimatives historisches Ziel der vollständigen Versklavung aller Rassen auf dem Planeten zu erreichen.

- Das Christentum ist ein jüdisches "Gebräu", das dazu dient, die kindlich-naiven Menschen mit der Vorstellung der Verdammnis einzuschüchtern und sie in die Knechtschaft zu treiben.

- Jede sinnvolle Kultur und Zivilisation ist das Werk der Weißen.

- Ob religiös, politisch oder rassisch, jedes Problem muss mit den Augen des Weißen Mannes und "ausschließlich aus dem Blickwinkel der Weißen Rasse als Ganzes" beurteilt werden.

ATLANTIS

Atlantis war eine großartige verlorene Gesellschaft mit einer Technologie, die der unseren überlegen war, und ein Goldenes Zeitalter, das Dutzende von Geheimorganisationen und Tausende von Träumern, Dichtern, Mystikern und wagemutigen Archäologen inspirierte.

Ignatius Donnelly (1832-1901) schrieb 1882 das Buch Atlantis: The Antediluvian World (Atlantis: Die antediluvianische Welt), in dem er behauptete, dass jede Zivilisation ein Nachkomme von Atlantis ist. Donnelly vertrat die Ansicht, dass die gemeinsamen Merkmale auf den Kontakt mit den Atlantern zurückzuführen sind, d. h. mit Mitgliedern der alten Zivilisation, die der Zerstörung während der katastrophalen Endzeit entkamen und es schafften, ihr Wissen an andere Völker der Welt weiterzugeben, indem sie zur Zivilisierung primitiver Gesellschaften beitrugen und den geheimen Kult von Atlantis weitergaben. Zu den Bauwerken gehören die Pyramiden in Ägypten und Amerika, die Sphinx in Ägypten und die Megalithen in Westeuropa.

die der Brillanz der Atlanter zugeschrieben werden

Gläubige haben den Atlantern in den Jahren nach der Veröffentlichung von Donnellys umstrittenem Buch die Fähigkeit zugeschrieben, Elektrizität herzustellen, Flugmaschinen zu entwickeln und die Kernkraft für Energie und Kriegsführung zu nutzen.

Mehr als 9.000 Jahre vor diesen Gegenständen existierten sie in der zeitgenössischen Kultur. Einige behaupten, dass die Atlanter über einen mächtigen Todesstrahl, Geheimnisse der Levitation und reine Energieformen über Kristalle Bescheid wussten. Viele Atlantis-Gläubige glauben, dass die Bewohner des verlorenen Kontinents kosmische Verbindungen zu Außerirdischen hatten und dass der verlorene Kontinent eine von außerirdischen Entdeckern gegründete Kolonie auf der Erde war.

Unterwassertaucher, die in den späten 1960er Jahren das Gebiet in der Nähe der Insel Bimini auf den Bahamas erforschten, entdeckten unter Wasser scheinbar Straßen, Mauern und Gebäude genau an der Stelle, die von Edgar Cayce (1877-1945) prophezeit wurde, einem weithin bewunderten Hellseher, dessen "Lebensdeutungen" für seine Klienten ergaben, dass viele ihrer gegenwärtigen psychologischen Traumata auf schreckliche Ereignisse zurückzuführen waren, die die Betroffenen miterlebt hatten. Cayce zufolge stammten viele ihrer Schwierigkeiten aus ihren Erfahrungen als Bewohner von Atlantis.

Cayce trug dazu bei, ein modernisiertes Bild von Atlantis als einer hochentwickelten Kultur zu verbreiten, die in der Lage war, Flugzeuge, U-Boote, Röntgenstrahlen, Antigravitationstechnologien, Kristalle, die Sonnenenergie nutzbar machen, und starke Sprengstoffe zu erfinden. Er stellte die Hypothese auf, dass eine schreckliche Explosion im Jahr 50.000 v. Chr. Atlantis in fünf Inseln aufteilte, gefolgt von einem weiteren Bruch im Jahr 28.000 v. Chr. und einem dritten im Jahr 10.000 v. Chr. Cayce sagte, er sei ein atlantischer Priester um 10.500 v. Chr. gewesen, der die bevorstehende Verwüstung voraussah und einige seiner Jünger nach Ägypten schickte, um den Bau der Sphinx und der Pyramiden zu leiten.

Cayce prophezeite 1940, dass Fragmente von Atlantis in den späten

1960er Jahren auf den Bahamas wieder auftauchen würden. Zwei Piloten entdeckten 1967 vor der Küste von Andros, der größten Insel der Bahamas, ein rechteckiges Objekt im Wasser. Anschließend entdeckten Taucher vor der Küste von Bimini ein weiteres steinernes Gebilde in Form eines "J". Man nahm an, dass es sich bei der J-Form um einen Steinweg handelte. In der Region fanden regelmäßig ausgedehnte Tauchgänge statt, und einige Taucher behaupteten, Tempel-, Säulen- und Pyramidenfragmente entdeckt zu haben.

Atlantis-Enthusiasten glauben, dass sich die staatlichen, kirchlichen und wissenschaftlichen Behörden verschworen haben, um die Beweise für Atlantis vor der Öffentlichkeit zu verbergen. Sie behaupten, dass die gegenwärtigen Annahmen über die Geschichte und die Entwicklung der Menschheit radikal geändert werden müssten, wenn die Existenz der alten Hochkultur offiziell anerkannt würde. Die Annahme einer urzeitlichen Superzivilisation würde die bestehende Zivilisation gefährden.

Das Geschichtsverständnis hat sich überholt. Die Suche nach unbestreitbaren Beweisen für eine große globale Kultur, die aufblühte, während der Rest der Menschheit darum kämpfte, auf einem rudimentären Niveau zu existieren, würde das traditionelle Verständnis des Wachstums der Zivilisation untergraben.

Platon (427-347 v. Chr.) beschrieb Atlantis in seinen Schriften als einen Zustand vollkommener Ordnung und als eine vorbildliche Zivilisation. In zwei seiner Dialoge, Timaios und Kritias, beschreibt er den Inselkontinent und wie die Atlanter alle bekannten Welten außer Athen eroberten. Kritias, benannt nach Platons Urgroßvater, dem Hauptredner des Gesprächs, bietet eine Geschichte der atlantischen Zivilisation und schildert die perfekte Gesellschaft, die dort existierte. Laut Kritias wurden die Geschichten durch seinen Vorfahren Solon (615-535 v. Chr.), einen weitgereisten Staatsmann und Dichter, überliefert.

Ägyptische Priester in der Nildelta-Stadt Sais lehrten Solon, dass es einst einen Ort gab, der in der Geschichte noch älter war als Ägypten und den die Griechen als Jahrhunderte älter als ihre eigene Kultur ansahen. Die Priester berichteten von Atlantis, einem großen Inselkontinent, der vor etwa achttausend Jahren blühte und jenseits der Säulen des Herkules lag, der griechischen Bezeichnung für die Klippen, die die Straße von Gibraltar bilden, den westlichsten Punkt des Mittelmeers. Der Atlantische Ozean liegt jenseits der Meerenge. Die Hauptmetropole, auch Atlantis genannt, befand sich inmitten einer Reihe konzentrischer Ringe, die sich zwischen Land- und Meeresstreifen abwechselten. Die Wasserringe dienten als Handelswege und trugen dazu bei, eine Reihe von natürlichen Barrieren zu bilden, die Atlantis äußerst schwierig machten.

Obwohl Atlantis über eine große Zahl von Berufssoldaten verfügte, ermutigte die Kultur sie zum Studium, was zu Verbesserungen in Technik und Wissenschaft führte, die den Kontinent reich, attraktiv und mächtig machten. Ein Netz von Brücken und Tunneln verband die Landkreise, und die intelligente Ausbeutung der natürlichen Ressourcen brachte Sicherheit und Überfluss. Viele Bäume schenkten Ruhe und Schönheit, Rennbahnen wurden für sportliche Wettkämpfe genutzt, und Bewässerungssysteme sorgten für reiche Ernten.

Platon zufolge wurden die Bewohner von Atlantis schließlich korrupt und gierig und stellten persönliche Interessen über das

Allgemeinwohl. Um die globale Vorherrschaft zu erlangen, begannen sie, in benachbarte Länder einzufallen. Poseidon, der Meeresgott, war über diese Entwicklungen erzürnt und zerstörte die Zivilisation, indem er den Kontinent mit Erdbeben und Überschwemmungen überzog, bis der Ozean Atlantis verschlang.

Einige haben die weit verbreitete Erzählung vom Untergang von Atlantis mit anderen apokalyptischen Ereignissen in Verbindung gebracht, wie z. B. mit den Legenden von einer gewaltigen Sintflut in der Bibel, dem Gilgamesch-Epos und den Flutmythen in anderen Völkern. Darüber hinaus argumentieren einige, dass das Ende der Eiszeit zwischen 12.000 und 10.000 v. Chr. zu einem globalen Anstieg des Wasserspiegels und zu Erdbeben, Vulkanausbrüchen und Temperaturveränderungen führte, die entweder zufällig waren oder mit der Eiszeit zusammenhingen.

die mit dem Untergang von Atlantis verbundene Epoche

Im Dezember 2001 gaben Forscher, die mit einem Mini-U-Boot den Meeresboden vor der Küste Kubas erkundeten, die Entdeckung steinerner Strukturen tief unter der Meeresoberfläche bekannt, die auf Ruinen hindeuten, die von unbekannten Zivilisationen vor Tausenden von Jahren hinterlassen wurden und die Fans des verlorenen Kontinents begeistern. Nach Angaben von Vertretern des in Kanada ansässigen Unternehmens Advanced Digital Communications und Wissenschaftlern der kubanischen Akademie der Wissenschaften waren die Gebäude so verteilt, als handele es sich um die Überreste eines Stadtgebiets in einer Tiefe von etwa 2.100 Fuß. Die antike Metropole unter Wasser wurde auf ein Alter von über 6.000 Jahren geschätzt, etwa 1.500 Jahre vor den berühmten Pyramiden von Gizeh in Ägypten. Ob es sich bei diesem interessanten Fund um Atlantis oder um den Nachweis einer Landbrücke handelt, die einst Kuba mit dem südamerikanischen Festland verband, wird umstritten sein.

ANTICHRIST

*Für viele Christen wird die größte aller Verschwörungen die sein, die der
Antichrist gegen die Jünger des auferstandenen Christus verübt.*

Obwohl der Begriff "Antichrist" im Allgemeinen mit dem
apokalyptischen Buch des Neuen Testaments, der Offenbarung, in
Verbindung gebracht wird, erscheint er nirgendwo in diesem Text.
Der Schreiber des Briefes behauptet in 1. Johannes 2,18, dass der
"Feind Christi" erschienen ist und dass viele falsche Bekenner in die
Reihen der Christen eingetreten sind. In Vers 22 bezeichnet
Johannes jeden, der Jesus als den Christus, den Vater und den Sohn
leugnet, als den Antichristen, und in 2 Johannes 7 behauptet er, dass
derzeit viele Verführer unter den Gläubigen aktiv sind

In Matthäus 24:3-44 geht Jesus mit seinen Anhängern ausführlich
auf falsche Messiasse und Propheten ein, die viele Menschen mit
Geschichten über das Ende der Welt täuschen würden. Er verweist
auf den Propheten Daniel und dessen Warnungen über die Endzeit
und warnt die Jünger davor, falschen Propheten zu folgen.

Lehrer, die erstaunliche Wunder und Zeichen vollbringen werden,
um die Auserwählten Gottes zu verführen. Niemand, nicht einmal
die Engel, weiß, wann der Menschensohn auf den Wolken des
Himmels wiederkommen wird, sagt Jesus.

Die älteste Inkarnation des Antichristen ist vermutlich der
Kriegerkönig Gog, der in Hesekiel auftaucht und in der
Offenbarung mit seinem Reich Magog wiederkehrt. Er steht für die
irdischen Handlanger Satans, die das Volk Gottes in einem letzten

großen Kampf zwischen Gut und Böse angreifen werden. Nach der jüdischen Literatur über das "Ende der Tage" werden die Armeen von Gog und Magog vernichtet, und die Welt wird endlich in Frieden leben.

In der Bibel wird der Antichrist als der Sohn des Verderbens, der Mann der Sünde, der Mann der Gesetzlosigkeit, der Fürst der Zerstörung und das Tier bezeichnet. Er wird vom Propheten Daniel sehr detailliert beschrieben: Er wird ein böser Herrscher sein, der "sich selbst über alle Götter erheben und emporheben und unerhörte Dinge gegen den Gott der Götter reden wird". Aber in seinem Anwesen wird er (heimlich) eine Gottheit der Mächte und eine Gottheit verehren, die seinen Vorfahren unbekannt war. So wird er in seiner Zitadelle mit einem neuen Gott verfahren, den er anerkennt und verherrlicht; und er wird über viele herrschen und das Land um des Gewinns willen teilen" (Dan. 11:36-39).

Der böse König, der Antichrist, ist sowohl in der Prophezeiung Daniels als auch in der des Offenbarers Johannes mit zehn Königen verbunden, die ihm ihre Autorität und Treue versprechen, um ein kurzlebiges Reich der Gewalt und des Verderbens zu errichten: "Und die zehn Hörner dieses Reiches sind zehn Könige, die sich erheben werden; und nach ihnen wird sich ein anderer erheben, der wird vielfältig sein und große Worte reden gegen den höchsten Gott und wird die Heiligen des Höchsten zermalmen und wird meinen, Zeiten und Gesetze zu ändern; und sie werden in seine Hand gegeben werden für dreieinhalb Jahre" (Dan 7,24).

Obwohl Jesus ausdrücklich sagt, dass niemand die Stunde oder den Tag seiner Wiederkunft kennt, haben christliche Gelehrte den Aufstieg des Antichristen zur irdischen Macht stets als eine Art

Katalysator betrachtet, der Harmagedon, die letzte Schlacht zwischen Gut und Böse, den ultimativen Zusammenstoß zwischen den Armeen Jesu Christi und den Armeen Satans, in Gang setzen wird. Christen gibt es also schon seit Jahrtausenden.

Sie waren bestrebt, den Antichristen unter den großen und brutalen Führern ihrer Zeit zu finden, wie Nero, Napoleon, Hitler, Mussolini und Stalin. Die Nominierungen für das Amt wurden oft von politischen oder religiösen Vorurteilen beeinflusst: Der Papst ist seit der protestantischen Reformation ein Favorit der Evangelikalen für den erniedrigenden Titel.

Die Zahl 666 wird mit dem Antichristen in Verbindung gebracht, wie aus Offenbarung 13:18 hervorgeht, in der erklärt wird, dass die Zahl des Tieres 666 ist und dass diese Zahl eine Person darstellt. In der Realität des Johannes, des Offenbarers, aus dem ersten Jahrhundert wäre das Tier, das die Welt beherrschte, Nero, der Kaiser des Römischen Reiches, Cäsar, gewesen. Nach dem hebräischen Alphabet ist der Zahlenwert von "Cäsar Nero", dem rücksichtslosen Verfolger der ersten Christen, 666.

Am 1. Mai 2005 gaben Wissenschaftler bekannt, dass ein neu gefundenes Stück der ältesten erhaltenen Abschrift des Neuen Testaments aus dem dritten Jahrhundert darauf hindeutet, dass sich spätere Kopisten geirrt haben: Die Zahl des Tieres ist 616. Laut David Parker, Professor für neutestamentliche Textstudien und Paläographie an der Universität von Birmingham in England, bezieht sich die Zahl 616 auf einen anderen Feind der frühen Christen, den Kaiser Caligula.

Diejenigen, die glauben, dass die Zahl 666 nach wie vor ein aussagekräftiger Indikator für den Antichristen ist, werden weiterhin moderne Anwärter für diese Position vorschlagen. Der Zahlenwert von Franklin Delano Roosevelts Namen zum Beispiel war angeblich 666. Da er zwölf Jahre lang Präsident der Vereinigten Staaten war - während der Großen Depression und des Zweiten Weltkriegs - begannen viele seiner konservativen christlichen Gegner, ihn als den Antichristen zu betrachten. Sogar Ronald Wilson Reagan, der von vielen Politikexperten als einer der beliebtesten Präsidenten unseres Landes angesehen wird, wurde von einigen Kritikern darauf hingewiesen, dass er in jedem seiner drei Namen sechs Buchstaben hatte - 666.

Der Begriff "Antichrist" ist in den letzten Jahrzehnten von so vielen Menschen in der Populärkultur verwendet worden, dass er viel von seiner Bedeutung und seinem Gefühl der Bedrohung verloren hat. Fundamentalistische Christen, die fest an die kommende Trübsal, die Apokalypse, die Entrückung und die große Endschlacht zwischen Gut und Böse in Harmagedon glauben, sind jedoch der Meinung, dass der Titel "Antichrist" seinen Furchtfaktor beibehält und dass wir den Zeichen und Warnungen des Tieres, wie sie im Buch der Offenbarung prophezeit werden, große Aufmerksamkeit schenken müssen.

VERSTÜMMELUNGEN VON RINDERN

Außerirdische verstümmeln Rinder und entfernen ihre Zungen und Genitalien, um Enzyme zu gewinnen, die es ihnen auf der Erde existieren können.

Nach Angaben mehrerer Gerichtsmediziner, die verstümmelte Rinder untersucht haben, denen Zunge, Augen, Ohren, After, Euter und Genitalien entfernt wurden, ohne dass ein Tropfen Blut geflossen ist, wurden keine herkömmlichen chirurgischen Werkzeuge verwendet.

Die Schnitte sahen aus, als seien sie das Produkt modernster Lasertechnologie.

Mehrere Tierärzte und Gerichtsmediziner, die die seltsamen Verstümmelungen analysiert haben, haben das Blut als kontaminiert eingestuft.

Es wurde trockengelegt, ohne dass es zu einem Zusammenbruch der Gefäße gekommen wäre. Aber leider gibt es auf der Erde keine Technologie, die eine solche Leistung vollbringen könnte, und selbst wenn es sie gäbe, bräuchte man eine umfangreiche, schwere Ausrüstung, um mit Kreaturen umzugehen, die mehr als 1.500 Pfund wiegen können.

Spuren oder Abdrücke herkömmlicher Art, wie Reifenabdrücke oder menschliche oder tierische Spuren, wurden nach den meisten Erzählungen über Kuhverstümmelungen nie in der Nähe einer

Leiche entdeckt; dennoch haben zahlreiche Landwirte und Viehzüchter behauptet, in der Nähe seien die Abdrücke eines Dreibeins zu sehen. Außerdem wurden vor der Tragödie mehrfach UFOs oder nicht gekennzeichnete schwarze Hubschrauber in der Gegend gesichtet.

Diese Art der Tierverstümmelung scheint weit verbreitet zu sein, wobei immer dieselben Tiere als Opfer ausgewählt werden. Nach Berichten aus Argentinien vom Juli 2002 wurden seit der ersten gemeldeten Verstümmelung im April über zweihundert Rinder entdeckt, denen das Blut abgezapft und Zungen, Organe, Fleisch und Haut durch kantige, präzise gebogene Schnitte entfernt worden waren. Die argentinischen Landwirte identifizierten häufig UFO-Teams als die wahrscheinlichsten Verstümmler ihrer Viehherden.

Viele skeptische Tierärzte, Vertreter von Viehzuchtverbänden, forensische Pathologen, Chemiker und eine Reihe von Bezirks-, Landes- und Bundesbeamten sind der Meinung, dass es sich bei diesen angeblichen Verstümmelungen einfach um die Erfüllung einer der wichtigsten Aufgaben von Mutter Natur handelt, nämlich die Reinhaltung der Landschaft. Nach Ansicht dieser Ermittler sind die wahren Täter Raubtiere und Aasfresser.

UFO-Experten halten es für unwahrscheinlich, dass Raubtiere oder Aasfresser ihren Opfern auf so präzise Art und Weise bestimmte Organe abschneiden und entnehmen könnten. Die offensichtliche Schwierigkeit, Raubtiere und Aasfresser dafür verantwortlich zu machen, besteht jedoch darin, dass der Rest des Tieres noch lebt.

Linda Moulton Howe, die Autorin von Glimpses of Other Realities, ist die bekannteste Forscherin auf dem Gebiet der Tierverstümmelung (1998). Howe hat Hunderte von ungewöhnlichen, unerklärlichen Todesfällen von Tieren auf offener Weide aufgezeichnet, vor allem von Rindern und Pferden, bei denen Augen, Organe und Genitalien unblutig herausgeschnitten wurden.

Howe befürchtete eine Verschmutzung der Umwelt, als sie im Herbst 1979 mit ihren intensiven Nachforschungen begann, und dass eine Regierungsbehörde heimlich Gewebe und Flüssigkeiten zur Auswertung entnahm. Aber

Sie konnte nicht verstehen, warum eine im Verborgenen arbeitende Regierungsorganisation so unverantwortlich sein konnte, Kuhkadaver auf Feldern oder Weiden liegen zu lassen und damit Angst und Empörung bei den Besitzern der Tiere auszulösen. Howe befragte zunächst Rancher und Strafverfolgungsbehörden, die ihr widerwillig von Sichtungen leuchtender Scheiben im Umfeld der Verstümmelungen berichteten. Einige Zeugen berichteten sogar, dass sie an diesem Ort überirdische Wesen gesehen haben. Ihre laufenden Ermittlungen haben sie jedoch davon überzeugt, dass hier etwas Seltsames vor sich geht, das mit außerirdischen Experimenten an den Lebewesen der Erde zu tun haben könnte.

Bestimmten UFO-/Verschwörungstheoretikern zufolge schloss eine Schattenorganisation innerhalb der US-Regierung um 1954 ein Abkommen mit einer außerirdischen Intelligenz, das Tierverstümmelungen und Menschenentführungen als Gegenleistung für überlegene außerirdische Technologie erlaubte. Die Außerirdischen erklärten die Verstümmelungen der Kühe damit, dass ihr Verdauungssystem aufgrund ihres evolutionären Aufstiegs defekt sei. Daher könnten Außerirdische auf der Erde am besten überleben, wenn sie ein Enzym oder ein hormonelles Sekret zu sich nähmen, das am leichtesten aus Kuhzungen und -kehlen gewonnen werden könne.

www.ingramcontent.com/pod-product-compliance
Lightning Source LLC
Chambersburg PA
CBHW070521030426
42337CB00016B/2049